東京的台湾散歩

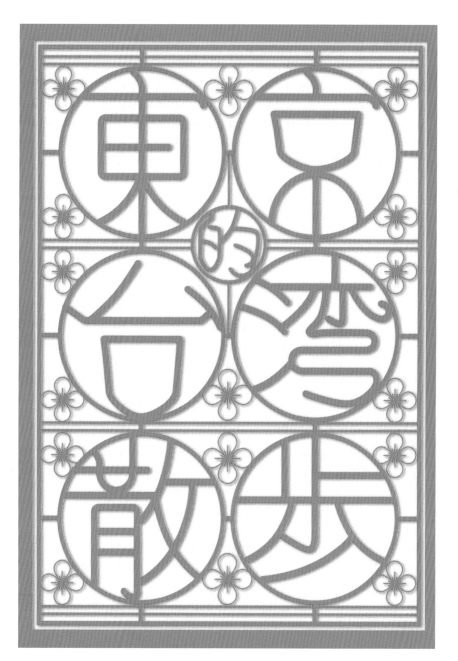

休日は東京近郊で台湾さんぽ

第二首甲寅

TAIWAN
台灣

炸雞捲
¥900
茶牛肉
¥1200
紅焼魚片
¥1000
腰果雞丁
¥1000
烏魚子
¥2800
1.季節野菜炒め ¥1000
2.台湾風なすバジル炒め ¥900
4.やりイカの長ネギ炒め ¥1000
5.かじきまぐろ天ぷら炒め ¥1000
7.牡蠣のもろみ炒め ¥1300
月～金曜日:11:30～14:00
17:00～23:30
土,日,祭日 :11:30～15:00
17:00～22:30
年中無休
荔枝
台湾、街かどの人形劇
TAIWAN BEER
紹興酒
SHAOHSING

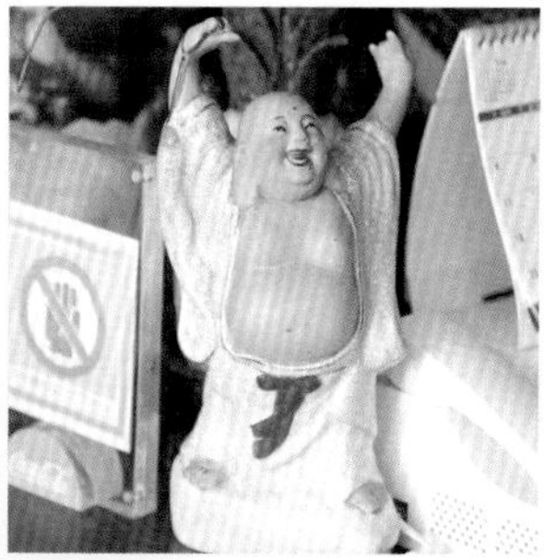

APPLE SIDRA
打西菓蘋
不含化學色素

沒事多喝水、
多喝水沒事
飲水思源
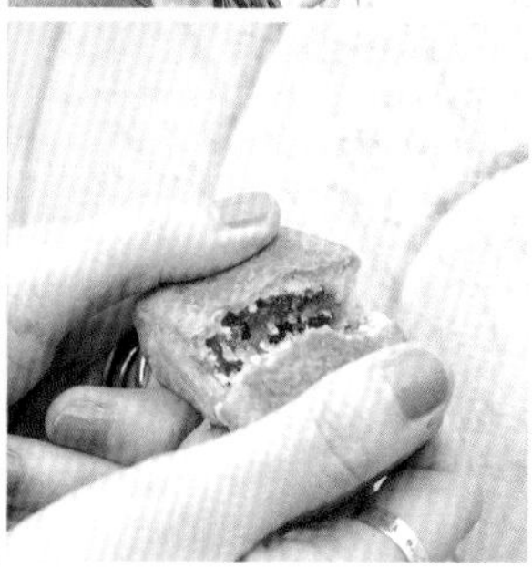

Contents

※2021年6月現在、営業時間が変則的になっている施設や店舗がありますが、一部をのぞき、基本的に通常の営業時間を記載しています。お出かけの際は事前にHPなどで確認されることをおすすめします。

※本書掲載のデータは2021年6月現在のものです。店舗の移転、閉店、価格改定などにより、実際と異なる場合があります。
※各スポットのデータ部分に掲載しているQRコードは、一部を除き該当スポットの周辺地図にリンクしています。
※QRコードは株式会社デンソーウェーブの登録商標です。

日本上陸
台湾大型モール

誠品生活日本橋
台湾系ショップ全店舗紹介！

ぐるりと1周すれば、台湾を満喫できる！
雑貨やお茶、コスメなどの専門店が揃うカルチャーワンダーランド

台湾で初めて誠品生活を訪れた時、日本の書店では見られない店づくりにとても驚いた。本を売っているだけではなく、その場でゆっくりと読めるということに衝撃を受け、日本にもこんな本屋さんがあったらと思った。「くらしと読書のカルチャー・ワンダーランド」をコンセプトに、誠品生活日本橋がオープンしたのは、2019年9月。当時台湾、香港、蘇州などの国と地域で、43店舗を展開する誠品生活が、初めて中華文化圏を出て日本に上陸すると聞き、ワクワクしたものだ。店内設計は、台湾を代表する建築家の姚仁喜（ヤオ・レンシー）さんが担当。伝統的な日本建築の特色を融合させ、誠品生活ならではのフィルターを通して空間を作り上げた。彼の台湾での代表作は、水月道場、宜蘭県立蘭陽博物館、最近では国立故宮博物院南部院のアジア芸術文化博物館の設計が記憶に新しい。店内は書籍、文具、セレクト物販・ワークショップ、レストランの、4つのゾーンで構成され、それを繋ぐ回廊は夜店さながらに、楽しいショップが並んでいる。50を超える台湾ブランドが進出していて、本はもちろん、台湾の雑貨や生活用品、お菓子やお茶、コスメにグルメとひと通り揃う。東京の台湾散歩はまずはここからスタートしたい。

住所：東京都中央区日本橋室町
3-2-1 COREDO 室町テラス 2F
営業時間：10:00 ～ 21:00
定休日：施設の休館日に同じ

01 エキスポ expo

何があるか毎回楽しみな雑貨が集合

新しい台湾デザインブランドを発掘するインキュベーションプロジェクトとして回廊に並べられた楽しい出店風のエリア。現在のブランド数は約30、いち早く台湾で人気の高いデザイナーズブランドや、知る人ぞ知る職人を発掘をして紹介する。常に新しい商品を入れ替えていて、行くたびに最新のアイテムが登場する注目のエリアだ。

1

2

3

4

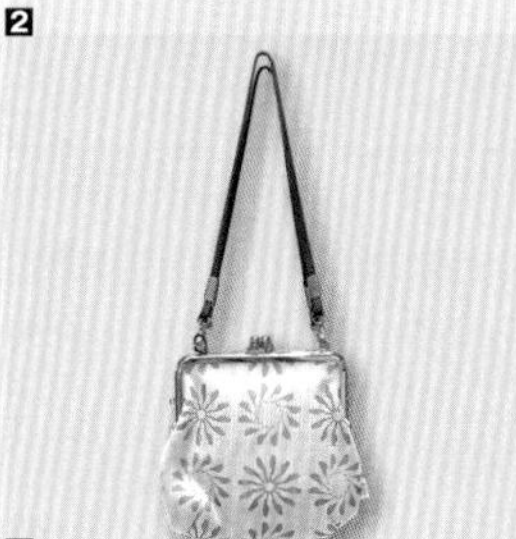
5

6

7

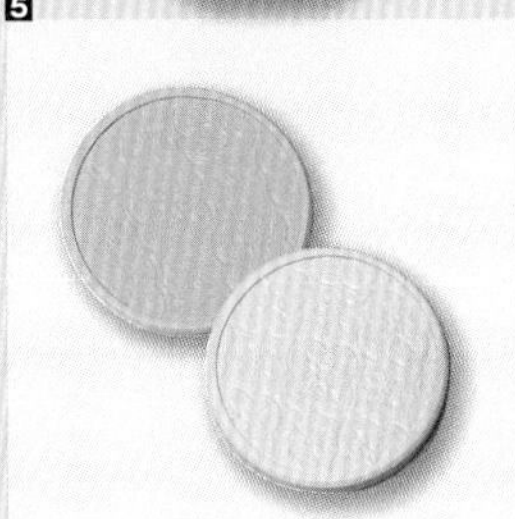
8

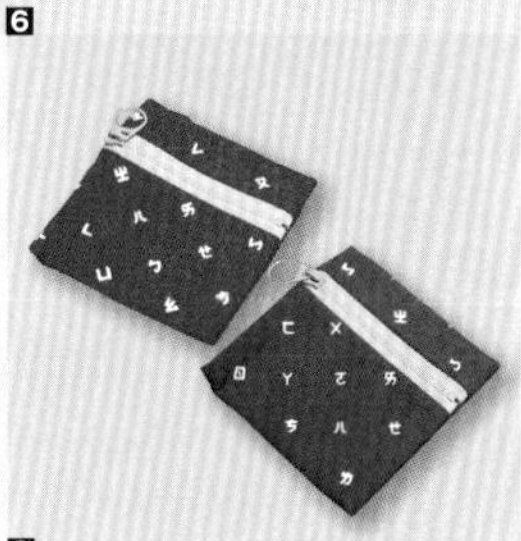
9

1ニチニチソウがモチーフのNOTEBOOK（1,621円）、PLATE（2,310円） 25印花樂 inBlooomの渋かわいいコインケース（各1,100円）と革紐つき手提げがま口（5,500円） 3一部日本のものも。日本の伝統技法を新たなスタイルで展開する、伊万里焼のアクセサリーのYURAI（31,900円～） 4台湾発の自然派シャンプー、O'right　各種シャンプー4,180円～ 6 KNOWS & GOODSのマジョリカタイル風DIYシール Tile Deco（2,508円） 7 QUEMOLICA 捲毛力卡（ジェエンマオリカ）のマジョリカタイル風コースター（1,414円） 8 mydslifeのレトロなベゴニアガラス風コースター（2,310円） 9注音符号（中国語の発音記号）デザインのテキスタイルが人気のHEY SUNのコインパース（2,123円）

02 誠品書店（セイヒンショテン）

誠品生活日本橋のメイン

「誠品生活日本橋」の中でいちばん広いスペースを有する誠品書店。人文、文学、アート、ライフスタイルの書籍を中心に、世の中の動きに合わせたテーマを読者に提案している。準新刊の中から毎月８冊選書している「誠品選書」は注目のコーナー。長さ約30mの「文学の廊下」には世界的名作文学が揃い、窓際に配置された座席では自然光のもと読書が楽しめる。

上・広い回廊スペースにも本がいっぱい／下・30mの「文学の廊下」の奥には、誠品書店創業者の書斎の椅子のレプリカが展示されている

台湾文化視点棚（台湾の作家や出版社刊行の名作を紹介）

『妖怪臺灣』

台湾の書籍でいちばん人気は、台湾の妖怪を集めた大全集（3,300円）

『妖怪臺灣地圖』

「妖怪臺灣」シリーズ。台湾の妖怪のいる場所を詳しく説明している（3,234円）

『妖怪臺灣臺遊』

「妖怪臺灣」シリーズから生まれたボードゲーム（8,448円）

『地方設計』

日本統治時代の建物を研究して紹介。学生とのコラボで生まれた（3,828円）

『台灣早餐地圖』

台湾の人気朝食のイラスト集。文章は一切ないが眺めるだけでも楽しい（2,508円）

誠品選書

『誠品時光』

誠品書店創業者、呉清友氏の物語。読めば誠品書店のすべてがわかる（2,970円）

台湾好きならなじみのある、懐かしい食材と雑貨がたくさん

大同電鍋の「きはだ色」（19,800円）の取り扱いは、ネット販売とここだけ

03 誠品生活市集（セイヒンセイカツシシュウ）

食料品と生活グッズ

台湾でおなじみの食品と、厳選した日本の食品を取り扱う食のセレクトショップ。キッチン雑貨には、昔から愛されてきた生活雑貨や、１点１点手作りの作家作品も。また、クッキングスタジオでは、料理研究家やシェフによる食のワークショップを開催している。都内では唯一、大同電鍋を展示販売している。

04 王德傳（ワンダーチュアン）

上・外光が差し込む明るい店内右上・テキパキとお茶を淹れる茶師の手捌きにうっとり／右下・お茶とお菓子でのんびりと

台湾烏龍茶の専門店

赤い茶缶が目印、台湾で人気の高い老舗の茶荘「王德傳」が日本初出店。王德傳専用の茶畑で生産された、こだわりの台湾烏龍茶を提供する。販売スペースとイートインコーナーがあり、カウンターでは茶師が淹れた台湾茶が味わえる。お茶には３種類の茶菓子が付く(1,410円)。のんびりとおいしいお茶とお菓子を楽しもう。

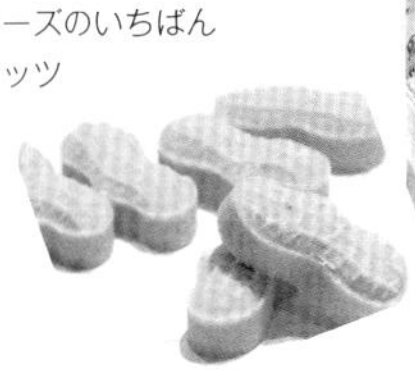

らくがんシリーズのいちばん人気はピーナッツ(719円)

パイナップルケーキは２種類

05 郭元益（グォユェンイー）

白を基調とした店内

清の時代から続く中華菓子店

台湾では知らない人はいないという老舗の名店で、150年以上の歴史を誇る中華菓子のブランド。名物は台湾産のパイナップルをたっぷり使ったパイナップルケーキ。ほかにデザイナーとコラボしたモダンなお菓子も取り扱う。おすすめはらくがんシリーズで、ホロホロととろける口溶けが滑らかでおいしい。

レモンの黄色をベースに、かわいいイラストが描かれた店内

06 HAPPY LEMON（ハッピーレモン）

台湾産レモンのレモンシリーズは絶品！

タピオカやソルティチーズが人気の台湾茶ドリンクの専門店。2006年に誕生以来、中国や台湾をはじめ、世界で1,000店舗以上を展開。いちばんのおすすめは、レモンシリーズ。台湾産のレモンをブレンドした爽やかな酸味がたまらなくおいしい。また、金萱茶は専用のブレンダーを使用して泡立て、クリーミーな仕上がり。

オリジナルのブレンダーを通すと空気が入り、きめ細かい泡が立つ

手前から左回りに、ソルティチーズ、レモンティー、日本橋店限定の金萱茶。ドリンクは380円～

07 富錦樹台菜香檳（フージンツリー）

ワクワクの創作料理はシャンパンで

新鮮な食材を使った創作台湾料理を、シャンパンと共に楽しむコンセプトで人気の富錦樹が日本に上陸。都会のオアシスで楽しむ、新しい台湾料理レストラン。

広いテラスでのんびりとシャンパンを楽しもう

→ 店舗詳細は p.75 へ

08 P.Seven 茶香水（ピーセブン チャコウスイ）

台湾発祥の香水ブランド

台湾の文化や土地を香りで表現したいと、フランス留学経験者の調香師を中心としたチームが立ち上げた香水のブランド。香りの中身は、例えば台湾の金萱茶や東方美人茶などのお茶をベースに作られている。実際に香りを試してみると「台湾をまるごと瓶に閉じ込める」というブランドメッセージがよくわかる。

テスターで好みの香りを確認できる

オードパルファムキンセン茶香水。日本限定版 22ml（14,080円）

09 阿原（ユアン） / YUAN

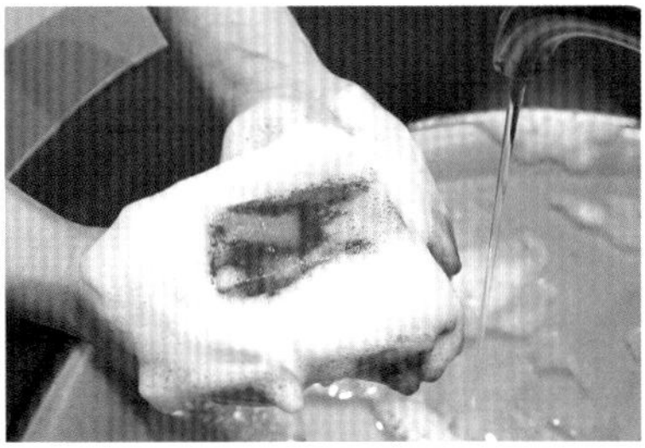

台湾生まれのオーガニックハーブ化粧品

台湾で愛されるスキンケアブランド。無農薬のハーブや植物などの天然素材を使い、自然の力で肌本来の機能を高めてくれる。商品ごとにさまざまなハーブが使われ、香りや効果が異なる。石けんは27種類とたくさんのフレーバーがあるので、自分に合った商品が見つかるはず。いちばん人気は石けん（1,430円～）で、店頭で好きなものを試せる。

ほとんどの商品がお試しできる

シンプルに歯と書かれたパッケージ。わかりやすい

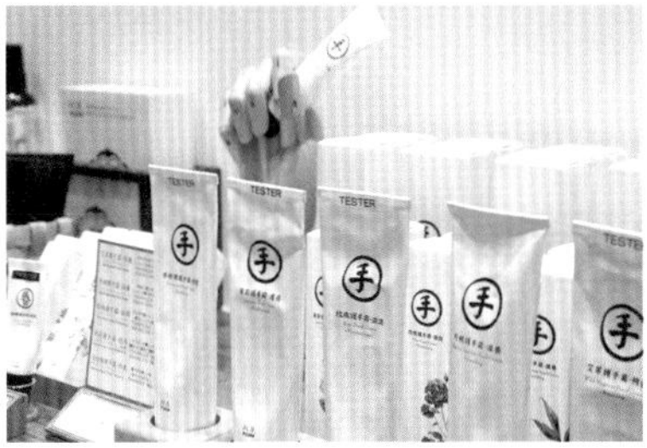

上・香りや効能が違うので、店頭でいろいろ試してみて／下・植物の力で潤いを持続するハンドクリーム

上・贈り物にもぴったりなかわいいパッケージ
下・一見すると漢方店とは思えないキュートなお店

10 DAYLILY（デイリリー）

女性のための漢方ブランド

台湾の日常に根付いた漢方文化を、漢方の薬剤師や専門家監修のもと、さまざまな商品に変えて日常で使いやすいアイテムに。漢方食材を使用したドリンクやおやつ、化粧品など約30種類がずらりと並ぶ。女性の身体に寄り添った、漢方でライフスタイルを快適にしてくれるブランド。

８種類の和漢植物から生まれた「Uplift Herbal syrup 暖活薑棗飲」（2,980円）

ギフトボックスに、好きなものを詰めて

その2

日本上陸
台湾大型モール

神農生活
あべのハルカス近鉄本店に日本初上陸！

どこか懐かしくてほっこり。生活を豊かにするアイテムを揃える

2021年4月、台湾のライフスタイルショップ「神農生活」が、あべのハルカス近鉄本店にオープンした。タワー館10階の825㎡の広々としたスペースには、3つのゾーンが登場。食材とかわいい雑貨のセレクトショップ「神農生活」、台湾家庭料理の「食習」、台湾茶が楽しめる「Oolong Market 茶市場」とバラエティ豊かに台湾を体感できる。

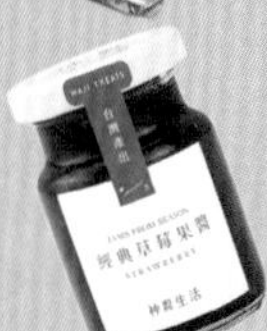

01 神農生活（シンノウセイカツ）

台湾がまるごと揃うライフスタイルショップ

台湾でおなじみの雑貨や食材を揃える「神農生活」が3つのゾーンの中心。台湾雑貨や調味料、工芸品、日用品などを取り揃えている。マジョリカタイルがモチーフのコースターや大同電鍋など、どこかちょっと懐かしいレトロモダンなアイテムも多数。

左上から、カラフルで人気の「レトロバッグ」。そのまま食べられるミックスおつまみ。添加物を一切加えずに作るイチゴジャム

食材や調味料ごとにカテゴライズされた陳列棚。お目当てがなくても、ついつい買ってしまいそう

02 食習（ショクシュウ）

台湾の定食をオシャレに

台湾の伝統的な料理を、定食のスタイルで提供するオシャレな食堂。定食セットのメインディッシュは8つで、「豚バラと高菜漬けの蒸し物」や「鶏肉麻婆豆腐」など、どれもおいしい。ほかにも小皿料理やデザートもあって、台湾の調味料を使用し、現地の郷土料理の味を再現している。買い物の合間やランチに利用したい。

上・広い店内でゆったりと食事できる／下・8種類のメニューからひとつ選んで定食に。スープ、サラダ、小鉢が2つとごはんがつく、お得なセットは1,320円～

03 Oolong Market 茶市場（ウーロン マーケット チャイチバ）

茶器セットで淹れる功夫茶、お碗で飲む碗茶、ガラスポットで提供する冷萃茶（レンツェイチャ）など、さまざまな飲み方を提案する

台湾茶とお茶菓子を楽しむ

台湾茶のおいしさを知ってほしいと、神農生活が立ち上げたお茶にまつわるニューブランド。広い売り場は、メーカーや種類ごとに並べられ見やすく、台湾茶や茶器など約140種類が揃う。併設されるティーサロンでは、常時15種類の台湾茶とドライフルーツやパイナップルケーキなどの茶菓子が味わえる。

台北の台湾茶専門店「沁園」の東方美人茶

50席のゆったりティースペース

住所：大阪府大阪市阿倍野区阿倍野筋 1-1-43 あべのハルカス近鉄本店タワー館 10F
営業時間：神農生活 10:00 ～ 20:00 / 食習 11:00 ～ 20:00 / Oolong Market 茶市場 10:00 ～ 20:00
定休日：施設の休館日に同じ

・台湾通が教えてくれるおすすめレストラン・

私がこの店に行きたい理由。

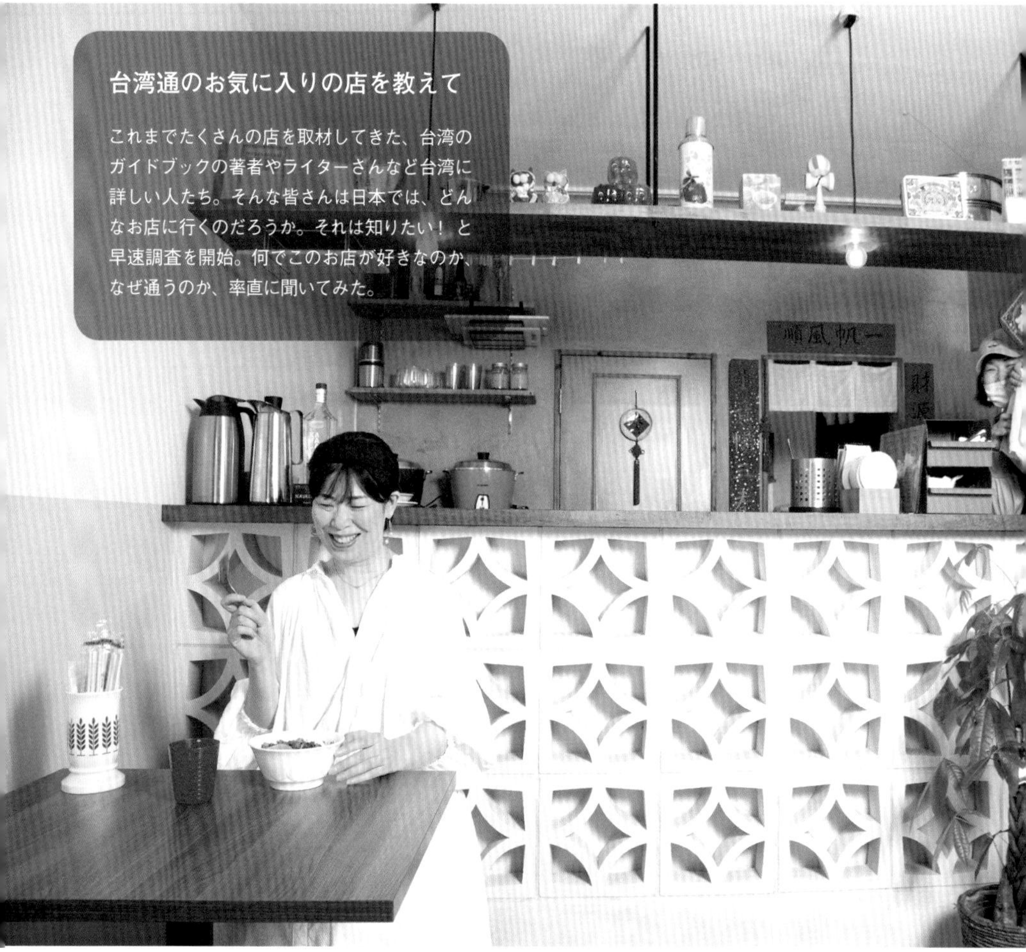

台湾通のお気に入りの店を教えて

これまでたくさんの店を取材してきた、台湾のガイドブックの著者やライターさんなど台湾に詳しい人たち。そんな皆さんは日本では、どんなお店に行くのだろうか。それは知りたい！　と早速調査を開始。何でこのお店が好きなのか、なぜ通うのか、率直に聞いてみた。

柳沢小実（やなぎさわ・このみ）

エッセイスト。1975年東京生まれ、日大芸術学部写真学科卒業。衣食住・収納・旅を得意とし、著書は30冊以上にのぼる。台湾にも精通していて、お気に入りのスポットを集めた『わたしのすきな台北案内』（マイナビ）も執筆。最新刊は読売新聞の連載をまとめた『おうち時間の作り方』（だいわ文庫）。『これからの暮らし計画』（大和書房）、『大人の旅じたく』文庫版も。

@tokyo_taipei

エッセイスト
柳沢小実さんが日本一、いや世界一おいしいと思う魯肉飯

帆帆魯肉飯

ファンファンルーローハン

AREA 三軒茶屋

柳沢さんがオススメする「魯肉飯」

誠実に向き合う店主に惹かれて

著作本は30冊以上、衣食住に精通し、暮らしや旅のエッセイストとして活躍する柳沢さん。旅が好きで海外旅行によく出かけ、フランスやドイツ、北欧などを中心に巡っていた。台湾との出会いは2011年。「ここで台湾に思いっきりハマりまして」と話す。街並みや暮らし、素朴で毎日でも食べられる台湾料理、人の優しさに触れ、たちまち台湾ファンに。これまで年に1～2週間程度だった海外旅行は、台湾への渡航を加えたことにより、年間の滞在日数は約60日と劇的にアップ。台湾での友人も増えた。その経験を踏まえて書いた『わたしのすきな台北案内』は好評を博し、続編まで執筆している。本にはたくさんの台湾料理店が登場する。

そんな台湾通の柳沢さんのお気に入りの店は、三軒茶屋にある「帆帆魯肉飯」。柳沢さんと「帆帆魯肉飯」のオーナー唐澤さんの最初の出会いは、ある台湾のイベントだった。もともと柳沢さんの本のファンだった唐澤さんが、柳沢さんがイベントに参加していることを知り、話しかけたことがきっかけだった。それ以来交流が始まり、今ではお互いの家に行き来きするほどの仲に。柳沢さんは、「友達だからという理由で、この店をオススメしているのではありません」と力強く語る。出会った頃は、まだこの店の営業が始まる前で、「帆帆魯肉飯」はシェアカフェの曜日限定で魯肉飯を販売する、いわばフリーランスの魯肉飯店だった。味の良さからシェアカフェで人気となるが、唐澤さんは自分の店を持つか迷っていた。そんな時に背中を押したのが柳沢さんだった。なぜ後押ししたのか聞いてみると、「味のセンスが抜群に良く、熱意があった。誰にでも、何度でもオススメできると思った。これまでいろんな人やお店を見てきて、彼女のような人が店を持ち1本でやれば、確実にうまくいくと思ったんです」。

その言葉通り、2020年11月に三軒茶屋にオープンすると、たちまち人気に。テレビの取材も入る行列のできる店となった。「ここの魯肉飯は常に進化している。それは彼女が味に誠実に向き合っているから。それと、才能がこんなにあるのにイマイチ自信がないところもあって、それもいいところ。つまり向上心がある。これでいい、これで満足だと決めないところが好きなんです」と語る。「私はこの店の魯肉飯が日本一、いや台湾も含めて、いちばんおいしいと思っているんです」これが柳沢さんが、この店に通う理由だ。

→ 店舗詳細は p.48 へ

十川雅子

（とがわ・まさこ）

2011年初めて行った台湾に心奪われ、旅を重ねるごとに好きになり、会社を辞めて台北に短期留学した。『台湾行ったらこれ食べよう！』『台湾のおいしいおみやげ』（誠文堂新光社）、『宜蘭＋台北ちょこっと海・温泉・ローカル近郊を楽しむ旅』（パイ インターナショナル）など台湾に関わる本作りや、大好きな植物関連の仕事などに携わるフリーランス編集ライター兼諸々。臭豆腐と變電箱（電気ボックス）フェチ。

フリーランス編集ライター兼諸々

十川雅子さんが ついつい行っちゃう 新宿の不夜城みたいな店

叙楽園

ジョラクエン

AREA 新宿

十川さんがオススメする「豆腐干絲」

1日の最後にたどり着くお店

新宿・歌舞伎町の奥、花道通りから１本路地裏に入った「思い出の抜け道」なる一角。小さな飲み屋や飲食店がぎゅっと立ち並び、歌舞伎町の中でもさらにディープな場所の中央にそびえるのが、台湾料理「叙楽苑」だ。この怪しげで妖艶な店を指定したのは、フリーランス編集ライター兼諸々をこなす、十川雅子さん。台湾ファンなら一度は目にしたことのある『台湾行ったらこれ食べよう！』を上梓した人だ。この本は、駅弁やお菓子などでシリーズ化されたほか、朝ごはんやお土産など携わった台湾関連の本は８冊にのぼる。

十川さんと台湾との出会いは2011年、当時勤めていた会社の仕事で「台北国際花の博覧会」の取材で初訪台。その仕事の際にお世話になった、台湾の人々の優しさや親しみやすさに感動、台湾が好きになったと言う。その後、会社を辞め、語学留学で３か月滞在。帰国後は、年に３～４回、長い時には２週間ほど滞在するように。「ああもう、行きたい！ と思ったら、２日後に台北にいたこともあります」と。「さすが台湾通」と言うと、「そんなそんな、台湾通なんて。そんなことありません。ただ好きなだけで」と恐縮しきりだが、留学や２日後に台湾となると、やはりかなりの台湾通かと思われる。

この店を初めて訪れる人は、その凄まじいビジュアルに衝撃を受ける。ホストクラブの巨大看板が並ぶ花道通りを通り、路地裏の屋台の狭い小径に入る。奥に進むとネオンが輝く真っ赤な急階段が登場。この上にあるのが、十川さんオススメの「叙楽苑」だ。初めて訪れたのは５年前、よく撮影で一緒になるカメラマンが連れてきてくれた。この立地と店の雰囲気だけでも衝撃的かつ魅力的だが、どこが好きなのか聞いてみると、「基本、そこそこほっといてくれるから」と言う。名物女将のリーマーマーは、基本“放置”だが、話すととっても優しくて温かい人。このマーマーが好きで、通う人も多いそう。料理は、台湾家庭料理と客家料理などで、メニューも多い。「どれを食べてもハズレなしでおいしい」とのこと。十川さんがこの店に行く時は、毎回楽しくてつい杯を重ねて、大抵酔っ払ってしまうのだとか。行ってみると確かにこの店、かなり居心地が良い。料理はおいしいし、紹興酒のボトルをキープできるし、マーマーとの楽しい会話もその理由のひとつで、すべてが程よい店なのだ。店を出る時、リーマーマーが「階段急だから気をつけてねー！」と大きな声をかけてくれた。１日の終わりに、ついつい出かけたくなるお店、それが「叙楽苑」だ。

→ 店舗詳細は p.68 へ

ジーリーメディアグループ代表取締役

吉田皓一さんが 大好きなクラフトビールと 共に味わう火鍋店

AREA 代官山

AKUBI

アクビ

吉田皓一（よしだ・こういち）

ジーリーメディアグループ代表取締役。奈良生まれ。慶應義塾大学経済学部卒業後、朝日放送入社。3年勤務ののち退職し、日本と台湾で創業。訪日メディア「樂吃購（ラーチーゴー）！日本」、台湾の新たな魅力を伝える事業「美麗（メイリー）！台湾」を運営。北海道FM northwaveで台湾情報番組のパーソナリティを担当。台湾ではFBのフォロワーは80万人を超える。

吉田さんがオススメする赤と白２種類のスープを楽しめる火鍋

台湾のクラフトビールが日本で飲めるなんて

台湾で有名な日本人と言えば、筆頭に上がるのが吉田さん。FBのフォロワーは台湾だけで80万人を超え、台北を歩けば声をかけられる。逆に日本人にはあまり知られてないけど、吉田さんってどんな人なの？ 吉田さんが台湾で有名なのは、訪日メディア「樂吃購（ラーチーゴー）！日本」を運営している社長だから。「樂吃購！日本」は、台湾で250万人が利用する人気のサイトで、この宣伝のために台湾のテレビ番組の出演や、SNSで日々PRを行っている。それゆえ、台湾人からすると、ちょくちょくテレビで見かける人という認識なのだ。流暢な中国語を話し、しかもイケメン。台湾で人気者というのも納得だ。

吉田さんが初めて台湾と出会ったのは大学時代。半年間の留学のために台湾へ渡った。卒業後、台北支社もある朝日放送へ入社するも、３年後メディアを中心とした商売を始めるために退社。日本と台湾で会社を立ち上げた。店を紹介するとともに、クーポン付きのお得な情報提供すると、たちまち台湾で人気のサイトとなった。今では月の半分を日本と台湾で過ごすという。台湾を知りつくしている吉田さんが通う店とは、意外にもとってもかわいい火鍋の店、代官山の「AKUBI」だった。「この辺りを歩いていたら、店の壁にTaihu Brewing(タイフー・ブルーイング)のロゴがあってびっくり。社内の人間に聞いてみたら、すごく評判の良い火鍋の店だったんです。それで行ってみようと」。Taihu Brewingとは、最近台北を中心に展開する人気のクラフトビール。瓢箪の中に虎が描かれたキュートなイラストが目印だ。吉田さんの趣味はお酒。飲むだけじゃなく、なんと自ら酒造りもしている。奈良の老舗蔵元「喜多酒造」とコラボして、2019年に「これあらた(維新)」という日本酒を完成させた。これは単なる趣味ではなく、台北市内のアンテナショップや、百貨店などでも販売しているというからスゴイ。「台湾人に日本酒の魅力を知ってもらい、観光で訪れる人が増えてほしい」と酒造りを始めたそうだ。そんな酒好きの吉田さんを魅了する「AKUBI」では、Taihu Brewingをはじめ、生のクラフトビールを10タップも用意している。「冷えた生ビールと熱々の火鍋の組み合わせは最高なんです！」と熱く語る吉田さん。２色鍋とビールを前に最高の笑顔を見せてくれた。

→ 店舗詳細は p.46 へ

トラベルライター

保谷早優怜さんが 行くたびに癒されている茶店

王徳傳

ワンダーチュアン

AREA 日本橋

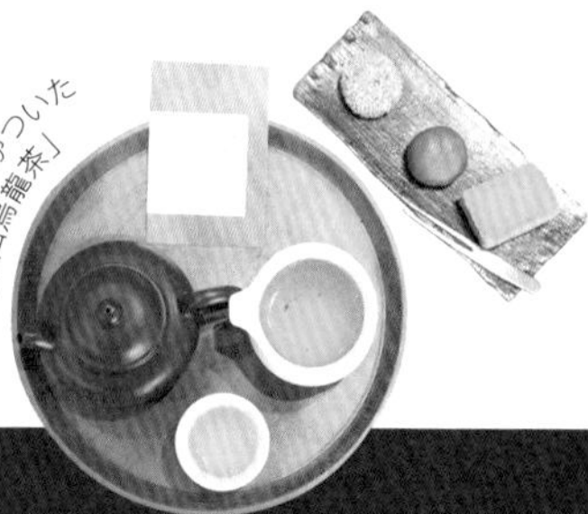

3つの茶菓子がついた「阿里山烏龍茶」

お茶は元気になるビタミン剤

トラベルライターとして数多くの本や記事を手がける保谷さん。台湾好きのきっかけは、最初に行った台中の茶藝館。台湾茶のおいしさや店の雰囲気、そして何よりも台湾人の優しさに感動を受け、以降2か月に一度台湾へ旅するように。いろんなお茶を飲んでみたい、台湾について勉強したいと、2度の留学へ。家には茶道具一式を揃え、すっかりお茶にハマった保谷さんがオススメするのは、台湾茶専門店「王德傳」。「ここには定番人気の東方美人茶から、春しか出回らない西湖龍井茶まで種類豊富。標高別に茶葉を揃えているこだわりが好き」と話す。その時の気分によってお茶を選びたい。癒されたい時、元気になりたい時など、さまざまなニーズに応えてくれる品揃えがお気に入りなのだとか。お茶をオーダーして待っていると、茶師がハケで急須をなぞった。「汚れを落とす意味もあるけど、あれは養壺と言って壺を育てているんです」。良い茶器は、長く使って茶を入れて育てるという。そのため味が濁らないように、保谷さんは茶葉ごとに急須を持っているというからスゴイ！

→ 店舗詳細は p.11 へ

保谷早優怜（ほうや・さゆり）

台湾に恋し続けるトラベルライター。旅のエッセイスト。台南に2度留学し、All About 台湾・台北ガイドは15年目。台北ナビではエンタメなどの取材を担当。最近は台湾のコーヒー文化に注目しており、夢は台湾全土のスターバックスをまわること。共著に『台湾・香港 de ワーキングホリデー』（イカロス出版）『幸せめぐり旅台湾』（ぴあ MOOK）等。光文社 Mart『美味しい台湾』連載。@hoyasayuli ほか SNS 総フォロワー数 34K。

台北ナビ（TaipeiNavi）編集長

森下実希さんが台湾料理店選びに困ったら、実践していること

→ 台湾麺線の詳細は p.54 へ

→ 浅草豆花大王の詳細は p.127 へ

台湾の森下さんより

こんにちは、台北ナビです。最近は日本でも多くの台湾料理店があるので、どのお店に行けばいいか迷う人も多いはず。ナビは迷ったら『ひとつのメニューに魂をささげ、自分の信じる味を提供するお店』を選ぶようにしています。本書で紹介されている「台湾麺線」は、台湾の麺線に惚れ込み、自分が食べたい時にすぐに食べたいという理由でオープンしたお店。かつおだしが効いた優しい味の麺線は、食べると思わず顔がほころんでしまいます。店内ポップの『台湾流にレンゲで食べてね！』という注意書きから、麺線愛も感じられるのもいいんです。「浅草豆花大王」は、台湾人の母を持つオーナーが、幼い頃からよく食べていたなじみ深いスイーツ「豆花」を、日本では気軽に食べられないことからお店を持つことにしたと言います。台湾で食べられる、あの独特の滑らかな豆花が日本でも。これとってもおいしいんです。しかも、苦労して開発したこの豆花の作り方を、惜しみなく伝授してくれる教室を不定期に開催。豆花を日本全国に広めたいという豆花愛が大爆発しています！この方法でナビは失敗知らず！ 是非試してみてください。

森下実希（もりした・みき）

台北ナビ（TaipeiNavi）編集長。台北ナビは台湾の旅行情報から文化まで、現地在住スタッフが現地の生の情報を、日本語で毎日発信している情報サイト。2018年より編集長に就任、パワフルで楽しい台湾人スタッフと有能なナビライターさんと共に、日々台湾の素敵と美食を探索中。

浅草豆花大王店長が行く

日本各地的台湾豆花之旅

文・志田晃久（しだ・あきひさ）

台湾スイーツ店「浅草豆花大王」オーナー。2014年に会社を辞めたのをきっかけに幼い頃に好きだった豆花を日本に広めようと決意。日本国内や台湾、香港で豆花を食べ歩いた。2016年4月にお店をオープン。作り方教室も開催し延べ800名以上に伝授。他店のメニュー支援なども行う。現在も国内外の豆花のお店を巡っている。

休日はおいしい豆花を求めて西へ東へ

豆花と書いて「トウファ」と読める日本人はまだ少数だろう。豆花とは豆乳で作った、台湾の国民的スイーツのことである。日本ではまだまだマイナーではあるが、台湾好きの日本人が増えていることもあり、徐々に食べられるお店が増えている。そんな豆花を広めるため東京で「浅草豆花大王」というお店を開いた。豆花の提供はもちろん作り方の教室も行なっている。作るだけでなくほかのお店の豆花もどんなものを出しているのか興味があり、国内外の豆花を出すお店に、時間を作っては食べに行っている。そこで私が印象に残ったお店を厳選して3つ紹介したい。

1つ目は岡山県玉野市にある「無天茶坊」さん。ミシュランにも掲載されている台湾茶カフェだ。旧銀行の歴史ある建物を改装した店舗で、金庫の扉も見ることができる。こちらの豆花は台湾の昔懐かしい味そのままで､やわらか過ぎず滑らかな口当たり。シロップはほのかな生姜風味でトッピングもひとつひとつ丁寧。また日本ではここでしか食べられない「焼き立てパイ豆花」というメニューもある。台湾人の茶藝師がプロデュースしていて、どのメニューもおすすめだ。

2つ目は山形県上山市にある「八宝堂」さん。蔵王エコーラインの山の中にあるお店で夏季はかき氷も人気。店主の清水さんは日本各地で食べた豆花にハマって、試行錯誤して作られたそうだ。こちらの豆花は店名の通り8つのトッピングをのせている。日によって変わるが、伺った日はピーナッツ、緑豆、白きくらげ、小豆、白玉、烏龍茶ゼリー、タピオカ、黒米だった。甘さもすっきりしていて、清水さんは台湾で豆花を食べていないにもかかわらず、台湾の味にかなり近い。清水さんも私同様、各地で食べ歩きしていて、いいと思ったものはお店に還元。紫芋を使ったトッピングやフルーツと合わせた豆花も提供している。冬期は休業することもあるため、事前にお店のインスタグラムを確認してほしい。

3つ目は青森県八戸市にある「喫茶かふう」さん。普段はナポリタンを出すような普通の喫茶店だが、台湾DAYと指定された日には八戸在住の台湾人がやって来て、台湾のメニューを出すというちょっと変わったお店だ。ここの豆花は食べても何で固めたのか分からなかったので聞いてみると、寒天を使っているという。寒天を使った豆花というと、私は硬く食感が悪い印象を持っていた。ところがここはそれを感じさせず、滑らかだったのでいい意味で裏切られた。シロップはきび砂糖や生姜から選べるのもうれしい。

ほかにも教えたいお店はあるのだが、知りたい方は是非浅草のお店まで。あなたのお近くでも豆花のお店があるかもしれないので、一緒に調べてみませんか。

豆花がおいしい全国のお店3選！

浅草豆花大王がオススメする「近くに行ったら寄ってみたい店！」

岡山県＊無天茶坊

岡山県玉野市築港 1-10-10
0863-33-1155
11:00 ～ 15:00、水木休み

パイの皮を破ると熱々の豆花が登場（620 円）

トッピング全部のせの「綜合豆花」（620 円）

旧中国銀行の歴史的建造物をリノベーションした趣ある店

山形県＊八宝堂

山形県上山市蔵王 2675-1
023-676-8393
11:00 ～ 16:00、不定休

蔵王猿倉の山麓に佇む甘味処

期間限定の夏のスイーツ「八宝氷」（1,200 円）

10 月から登場するトッピングたっぷりの「豆花」（1,000 円）

青森県＊chiaochiao Taiwan

青森県八戸市桔梗野 12-2
「喫茶かふう」内
050-5215-3764
毎週木・金曜 11:00 ～ 15:00、土曜・不定休

アーモンドやくるみがぎっしりの「胡麻雪花餅」（480 円）

滑らかで濃厚な豆乳の味わいを体験してみて（800 円）

いま注目のふたつの台湾料理

最近街やレストランでよく見かけるふたつの料理。ひとつめは、破竹の勢いで増え続けている、ビッグサイズの台湾唐揚げ「鶏排（ジーパイ）」。ふたつめは、肉餡をデンプンで包み蒸しあげた「肉圓（バーワン）」だ。どちらも夜市出身で台湾人にはなじみの料理。流行の味をぜひ試してみよう。

注目メニュー 01

いま街を席巻中！顔よりもデカイ鶏排（ジーパイ）

サクサク＆ジュワーの食感がたまらない鶏排（700円）

週末は行列ができる人気店

住所：東京都渋谷区道玄坂2-16-1
電話：03-5856-3018
営業時間：11:00〜22:00　定休日：なし
@kapi.tapi

KAPI TAPI（カピタピ）

AREA 渋谷

週末は行列のできる巨大鶏排

オープンは2020年の10月と最近だが、顔よりも大きな鶏排の迫力からSNSで火がつき、行列ができる店となった。「余計なアレンジをせず、できる限り現地の味そのまま」に、というのがコンセプトだが、唯一違うのが肉の部位。鶏排は一般的にはむね肉を使用することが多いが、こちらではもも肉を使用している。ジューシーでやわらかなもも肉と、カリッと揚がった衣のサクサクのふたつの食感が相まって面白い。約半分のボリュームの食べやすいミニサイズも販売。ミニには爽やかな酸味と甘みが楽しめる「台湾梅風味」を追加して、ひと味違った鶏排が味わえる。

浅草安心や（アサクサアンシン）

AREA 浅草

今や浅草名物となった鶏排

土日は700枚を売る浅草安心や。平均の待ち時間は20分、長い行列ができるため、空き地を借りて整列用のスペースに利用するほど。醤油ベースの秘伝のタレに1日漬け込み、しっかりと味が染み込んだ鶏排（500円）は、浅草イチ行列ができる店として話題に。むね肉を使用しているのに、とってもやわらかい食感なのは、カットの仕方に秘密があるのだとか。並んでも食べたいおいしい鶏排、一度は試してみて！

台湾で食べるよりおいしいんじゃないかと思うほど旨い

住所：東京都台東区浅草1-37-11
電話：03-5830-3288
営業時間：11:00～（売切れ次第閉店）
定休日：なし

横濱炸鶏排（ヨコハマザージーパイ）

AREA 横浜中華街

いつも揚げたてで熱々！

首都圏を中心に20店舗、ここ最近で急成長を遂げている横濱炸鶏排。2019年横浜中華街にオープンするとたちまち人気となった鶏排のパイオニア的存在。外はカリカリッと香ばしく、中はジューシー。しかも注文してから揚げるので、いつでも超熱々なのだ。揚げ時間は3分20秒、台湾のあの独特な香辛料が香るできたて鶏排にかぶりつこう！

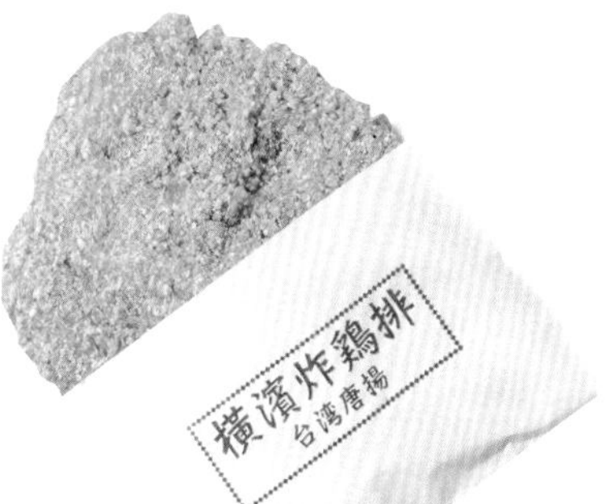

楽しい食べ歩きにぴったりな炸鶏排は540円

住所：神奈川県横浜市中区山下町106-10
電話：045-514-7254
営業時間：11:00～18:00（売切れ次第閉店）
定休日：なし

レストランの鶏排（ジーパイ）

AREA 新橋

台湾麺線（タイワンメンセン）

レストランだってイチ押し

→ 店舗紹介はp.54へ

東京の麺線を代表する人気店。こちらのいちばん人気は当然麺線だけれど、次に人気が高いのが鶏排なんだとか。店ではお皿に載せて提供されるが、夜市の楽しい雰囲気を出したいと、こだわりの2種類の紙袋も用意する。

想像以上にデカイ鶏排

注目メニュー 02

台湾人が大好きな夜市のメニューの筆頭は肉圓（バーワン）！

もっちり＋クニュの食感にハマる人はハマる

台湾の夜市でおなじみの肉圓。台湾の友人に聞いてみると、小さい頃によく食べた、みんな大好きな料理なのだとか。東京でも近年よく見かけるようになり、台湾料理店では、壁にデカデカと肉圓のメニューを貼り出し、どこもイチ押ししているように見える。なぜ肉圓がそんなに推されているかを探ってみると、あるひとつの映画にたどり着く。2001年に公開された『千と千尋の神隠し』だ。この冒頭に主人公の両親が、「定食屋で料理をガツガツと食べて豚になる」というシーンがある。その料理こそ肉圓なのではないかと、一部のファンの間で話題となったのだ。その噂を知ってか、メニューに「ジブリ飯」と書いてあり、映画のワンシーンを抜粋して掲載している店もある。ならば真相を確かめてみようと、スタジオジブリに確認してみた。すると、そのような事実はないと返答。あっさりと玉砕されたが、再度映画を観てみるとやはり少し似ていて、噂になるのがちょっとわかる気がした。
肉圓は屋台料理だが、決して簡単ではなく、とても手間がかかる料理だ。在来米粉や地瓜粉（さつまいもデンプン）などを練り上げて皮を作り、肉餡を包む。その後半透明になるまで蒸しあげる。店によってはさらに揚げて、特製のソースをかけていただく。ある店主は、休みの日には１日中仕込みに追われると言う。デンプン粉を使用した皮は、もっちりとしていて、クニュクニュとした食感。これがたまらなく面白くて、ハマる人はハマる料理だ。しかしこれが苦手な人も結構いる、賛否が分かれる料理でもある。しかしそれは、鮮烈でインパクトがあるという証拠。かくいう私は大好きで、メニューにあるとついつい頼んでしまう。店によって味はさまざま。一度ハマると、いろんな肉圓が食べたくなる不思議な食べ物。

漢方スープに浮かぶ肉圓

皮は薄めで、ひと晩味を染み込ませた肉餡がたっぷり。五香粉やニンニクが入った漢方スープが絶品！ これだけを食べにわざわざ出かけたくなる、旨すぎる一品。

思郷村（シコウソン）

→ 店舗紹介は p.64 へ

ニンニク香るパンチ系

ゴロゴロと大きな肉餡に、ニンニクが効いた甘めのケチャップベースのタレでいただく。

台湾厨房 劉の店（タイワンチュウボウ リュウ ミセ）

→ 店舗紹介は p.53 へ

台湾中西部、彰化の味

彰化の伝統的な味付けの肉餡。肉厚の皮でボリューム感がスゴイ。自分で好きなだけパクチーを入れて食べる自由なスタイル。

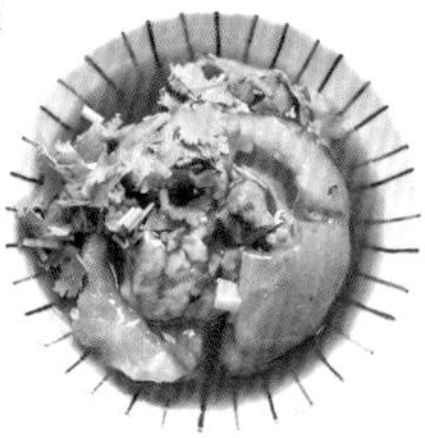

喜来楽（シライル）

→ 店舗紹介は p.69 へ

調理時間は丸２日

肉餡作りはひと晩を含ませてじっくりと。その後、包んで蒸して揚げる、手間隙かけられた肉餡は、食べ応えあり！

台湾屋台 阿Q麺館（タイワンヤタイ アキュウメンカン）

→ 店舗紹介は p.56 へ

つるんとした食感の皮

手作り肉餡は、大小選べるので、もう１品頼みたいときにぜひ加えてほしい。ゴロリとした大きめのお肉が旨い！

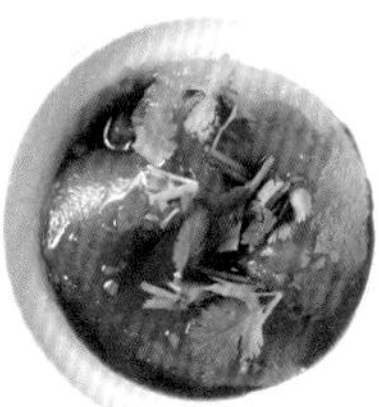

台湾茶房 e-one（タイワンサボウ イーワン）

→ 店舗紹介は p.49 へ

めずらしい素食の肉圓

伊香保温泉からほど近い佛光山法水寺では、肉が入らない素食のベジバーワンが食べられる。ボリューム感があって満足できる。

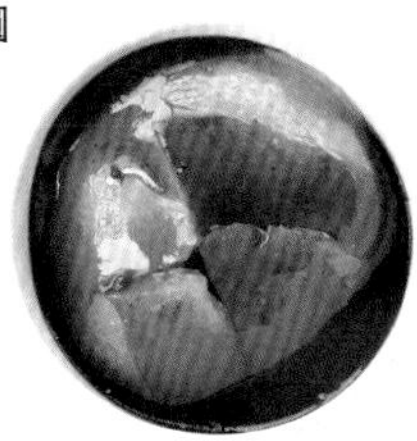

佛光山法水寺（ブッコウザンホウスイジ）

→ 店舗紹介は p.136 へ

あのウワサはこの店から始まった？

肉圓がジブリ飯と呼ばれるようになったのは、実はここ最近のこと。映画が公開されてから20年経っているが、すぐに話題となったのではなく、５年ほど前に、SNSに投稿された写真がきっかけ。それは渋谷の名店「麗郷」で撮影された一枚の肉圓の写真。レンガ造りの歴史ある建物のカウンター席で撮影したものだった。趣のあるカウンターを含めた肉圓の写真は、あのシーンに似ていると話題になって拡散。それからしばらくすると、「似ている」ことだけがひとり歩きし、肉圓＝ジブリ飯となっていったと思われるのだ。それ以来、麗郷にはカウンター席で肉圓を注文する人が多く訪れるという。

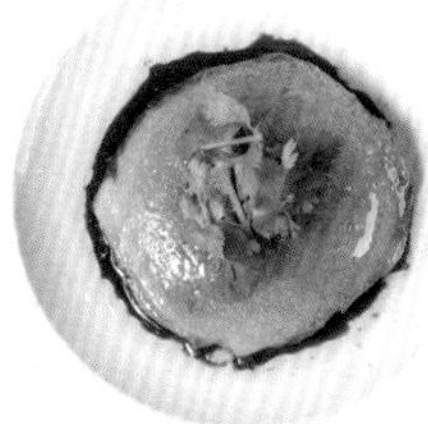

麗郷（レイキョウ）

→ 店舗紹介は p.38 へ

ヤマキコラム①

おばあちゃんのルイ・ヴィトンがかわいすぎる

台湾カフェや雑貨店でよく見かける、ボーダーなどのカラフルな網のバッグ。これは台湾好きならご存知の「漁師網バッグ」だ。もともとは、漁師が獲れた魚を入れるためのアイテムで、大きなサイズが使われていた。素材のナイロンを網目状に組んでいるので、水は落ち魚だけが残る。台湾ではこのように水気が多いものに使うという目的もあり、お米や野菜を入れて洗ったりと、今でも日常的に使われている。

台湾でこのバッグは、通称「市場包」と呼ばれ、市場に行くときに持っていくもの。野菜や魚をガンガンと雑に入れていき、そこには今流行のおしゃれバッグという意識はまったくない。安くて軽くて丈夫だから、市場に来るほとんどのおばあちゃんが、このバッグを持っている。多少はカラフルでかわいいことを認識しているのか、別名「おばあちゃんのルイ・ヴィトン」なんて呼ばれているのだ。

台湾では日常使いされ、自転車の籠やバイクに引っ掛けて、サクッと買い物に行くもの。重さを感じさせないほど軽いのに丈夫なことが特徴。見た目は細い網なので、私はこれまで軽めのものを入れて、形が崩れないように大事に使っていた。が、今回取材の中でこのバッグを使用していた、向ヶ丘遊園の台湾市集の永田さんは、なんとパソコンを入れて持ち歩いていた。重さは大丈夫なのか聞いてみると、「全然平気。こんな感じでもう3年使っているけど、まったく壊れないよ」とのこと。水気のあるものから重量級のパソコンまで気軽に使用できる、身近にある便利なバッグという感じだ。

台湾では、迪化街の老舗問屋の「林豊益商行」、「高建」、「大華行」などで売られ、日本人にも人気が高い。価格も安いので、お土産にもぴったり。台湾では実質的な日常使いが多いが、私にはかわいいおしゃれなエコバッグ的な存在で、これを持って出かけるだけで、ちょいとテンションが上がるバッグなのだ。色もたくさんあるので、その日の洋服に合わせてバッグも変えられる。今までは、結構大事にあまりものを入れずに使っていたが、いろんな人に話を聞いてみるととっても丈夫なので、少々手荒に使っても問題なさそう。これからはいろんなものを入れて、日常でガンガン使っていこうと思う。

Chapter 1

台湾美食

台湾料理が食べたい

日本で食べられる 本場の味カタログ

「台湾旅行に行っておいしかったあの料理を日本でも食べたい、でも日本にそれあるのかな？」と思って調べてみたところ、これが結構イケることが判明。魯肉飯、牛肉麺はもちろん、臭豆腐や滷味（ルーウェイ）、素食まで幅広く食べられる。

飯 台湾人は丼ものが好き。代表格の魯肉飯をはじめ、鶏肉や排骨などがご飯にドーン。ほかにもちまきやおこわ、炒飯など種類も豊富

魯肉飯（ルーローファン）

豚バラを台湾醤油や八角などで煮込み、ご飯の上にかけて食べる台湾丼モノ界のスター

鶏肉飯（ジーローファン）

中部の街、嘉義の名物料理で、塩茹でした鶏肉をほぐしてご飯の上にたっぷりかけて食べる

排骨飯（パイコーファン）

豚の骨付きあばら肉をこんがりと揚げてご飯の上へ。ガッチリと食べたい時にオススメ

便當（ビエンダン）

鉄道で1周できる台湾は、昔から駅売弁当文化が発達。台湾鉄道の駅弁さながらの弁当も

肉粽（ロウゾン）

もち米に具材を詰めて、蒸したり、茹でたりして食べる。南部ではきな粉をかけるところも

炒飯（チャーファン）

台湾庶民派グルメの代表格。パラパラで具材が多い炒飯は、日本人も大好きな味

麺

ご飯ものと同じく人気の高い麺料理。大きな肉がゴロリと入る牛肉麺、とろみが楽しい麺線など、食べると元気になりそうだ

麺線（ミェンシェン）

小麦粉の極細麺を蒸して、とろみのある餡に絡めていただく熱々麺。豚大腸や牡蠣入りが人気

酸辣湯麺（スワンラータンミェン）

台湾でもよく食べられる、肉とトマト、卵などをピリ辛で酸味のあるとろみ餡に絡めていただく麺料理

牛肉麺（ニョウロウミェン）

国民的コンテストも多数開かれるほど人気の牛肉麺。その名の通り、牛肉がたっぷり入った麺

點心

水餃子、小籠包、焼売など人気メニューが目白押し

素食

台湾の約2割はベジタリアン。だから料理数も豊富

鍋

台湾人は鍋も大好き。冬はもちろん真夏でもよく食べられる

小籠包（シャオロンバオ）

小麦粉の皮を薄く伸ばし、中に肉汁たっぷりのスープを閉じ込めて蒸しあげる料理

素食（スーシー）

似せてみせる料理から、素朴な家庭料理まで、肉や魚を使わない菜食主義者のための料理

火鍋（フォオグゥオ）

漢方スープの鍋や酸菜白肉鍋、麻辣鍋、養生鍋など、日本の鍋にはない味が楽しめる

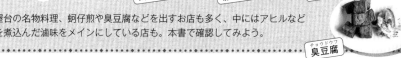

気軽に食べよう

屋台料理いろいろ

蚵仔煎（オアジェン）

蘿蔔糕（ルォボーガオ）

滷味（ルーウェイ）

臭豆腐（チョウドウフ）

屋台の名物料理、蚵仔煎や臭豆腐などを出すお店も多く、中にはアヒルなどを煮込んだ滷味をメインにしている店も。本書で確認してみよう。

台湾料理を食べつくそう

本場さながらの味を東京で

「東京で台湾さんぽ」の中心は、食！ 身近でおいしい台湾料理をいつでも好きな時に食べたいと、リサーチすること約2か月。都内各所のお店をまわり、これはぜひ紹介したいと思うお店をピックアップした。取材期間を合わせると、約4か月間毎日台湾料理を食べ続けるという、幸せな時間を過ごした。その時に気がついた。台湾料理は毎日食べても飽きないと。もしもほかの国の料理だったら、胃が疲れてしまったり、味に飽きたりということも考えられるが、台湾料理は日常的に食べ続けても、どの時間に食べてもいつもおいしく感じたのだ。素材を活かし、中華料理よりも油が控えめで、味付けもやさしい。ぜひ食事目当てで台湾さんぽに出かけてほしい。

名店

・自信を持ってオススメしたい・

東京台湾料理の老舗の名店5選

AREA 新宿

青葉

1歩入れば広がる青葉の世界

私が勝手に決めた、東京の５つの名店を紹介したい。まずは､新宿の歌舞伎町のビルの地下にある「青葉」だ。ここを初めて訪れたときの衝撃は､かなりのものだった。台湾産のレンガの壁には、ベルナール・ビュフェ、ポール・ゴーギャンなどの名画がかかる。真っ赤なベルベットが張られた椅子、一枚板の大きなテーブル、そして給仕はビシッと制服を着こなしている。気軽に入るというよりも、少し背筋が伸びるような感覚がある。
この店はどことも違う、独特な雰囲気が漂っている。高級感がある一方で、どこか懐かしく、昭和のレトロ感もあるのだ。創業は1970年、店を取り仕切るのは、桃園出身の李克順オーナーシェフだ。13歳で台北の料理店で修業を始めた、台湾料理一筋60年の大ベテラン。青葉の料理は日本人に合わせた味ではなく、台湾そのものの味になるように調理しているという。食材へのこだわりは強く、ほとんどを台湾から仕入れているが、コロナ禍でどうしても手に入らなかったのが、新鮮な中国野菜だった。すると李さんは、埼玉県の和光市に畑を作った。苦瓜、黄ニラなどを栽培し、鮮度の高い野菜を安定して提供できるようにしたのだ。
ここでは台湾料理がすべてあるのではと思わせるほど、メニューは多く全部で200種類を超える。お客さんの要望に応えていたら、このような数になったのだと言う。どれを食べても洗練されていて、唸るほどおいしい台湾料理。少しおしゃれをして出かけたい一軒だ。

創業当時、台北の人気店だった「青葉」をイメージして作られたゴージャスな内装

テーブルも椅子もすべて特注品

上・客家を代表する料理の「客家小炒」（1,271円）／中・豚角煮高菜入り特製まんじゅうの「割包」（924円）／右・炒青菜は日によって野菜が異なる。取材日は和光市の畑で採れたA菜

中央は台湾産の「シジミの醤油漬け」。パリッと効いたニンニクに、貝の身のトロリとした食感がクセになる味。料理は意外にもリーズナブルで1皿1,000円前後から

現役バリバリで厨房に立つ、72歳の李克順オーナーシェフ

住所：東京都新宿区歌舞伎町1-12-6 歌舞伎町ビルB1F
電話：03-3200-5585
営業時間：11:30～翌2:00、日曜・祝日11:30～23:00
定休日：なし

AREA 渋谷

麗郷（レイキョウ）

1 レンガで造られた歴史を感じる外観　2 2階へ続く階段　3 カウンターの上の吊された腸詰　4 1階、2階と地下もある広い店内　5 オープンキッチンで調理しているのが見えるカウンター席

渋谷道玄坂のノスタルジー

東京の名店シリーズの２軒めは、渋谷の「麗郷」。道玄坂の路地裏を歩くと、ひと際異彩を放つ素敵なレンガの建物がある。渋谷の喧騒の中、古き良き昭和の時代を思い起こさせるレトロな佇いだ。創業は1955年、渋谷の「恋文横丁」で開店。その後「恋文横丁」で起こった火事をきっかけに、この場に一軒家レストランを建築。台中にある漁師町をイメージしてデザインしたという。創業者の武田明子さんは台中出身で、戦後すぐに日本へ移り住み、その後帰化。故郷の田舎町を思い造ったというが、どこか西洋的な雰囲気も感じさせる不思議な建物なのだ。
こちらの名物は、台湾のソーセージ「腸詰」と「しじみのニンニク炒め」。店内には腸詰がずらりと並び、初めて入っても腸詰が名物だとすぐわかる。週に２、３度作り、店頭で乾燥させている。豚のもも肉を使用、カリッとした食感で脂身も多く、ソーセージというよりもベーコンに近い。通常甘めの味付けが多いが、こちらの腸詰は甘みを抑え、特製味噌ダレに醤油を加えていただく。これは旨い！ 歯応えが良く、噛んでいくほどに旨みが出てくるのだ。ふたつめの名物料理は「しじみのニンニク炒め」。台湾のシジミ料理というと、生のシジミを醤油に漬け込んだものが有名だが、こちらはニンニクと醤油で炒めたもので、貝のダシがよく出ておいしい。お酒とともに、ちびりとやれれば最高だ。
ほかにビーフンと肉圓もオススメ。ビーフンは、極細麺を使用していて、小さく刻まれた具材が一緒に炒めてある。食べてみると、細い麺が口でパラパラと解けていき、とても楽しい。おかしな例えではあるが、もし雪が温かかったら、きっとこんな食感なんだろうと思うほど口溶けが良いのだ。そしてもうひとつは、肉圓。こちらの肉圓は平べったい円形で、お皿に生地を取り成形している。肉圓はジブリ飯と呼ばれているが、その火付け役となったのは、この店だと囁かれているのだ（p.28）。
こちらのすべての料理は、台湾そのものというよりも、日本人に合わせて作られている。「初代が開店するときに、日本で開業するからには、日本の食材や調味料を使い、日本人の口に合うようにと考え、今もその通りに提供しています」と３代目の呉さんが答えてくれた。どの料理も食べやすく、親しみを感じたのはそのためか。どれもおいしくて、いつかは130あるメニューを全制覇したい。

住所：東京都渋谷区道玄坂 2-25-18
電話：03-3461-4220
営業時間：12:00〜14:00、17:00〜24:00、
土・日曜・祝〜24:00
定休日：なし

6

7

8

9

6 噛むほどにおいしい「腸詰」（990円）
7 お酒にご飯にピッタリな「しじみのニンニク炒め」（1,320円） 8「ビーフン」（935円）にシジミの汁をかけていただくのが通の食べ方 9「肉圓」（660円）は醤油ベースのタレで食べやすい

ビーフンをはじめ、台湾と中国各地の料理が
食べられる

AREA 新橋

ビーフン東（アズマ）

皇室御用達のちまきとビーフン

新橋駅汐留口前からすぐの新橋駅前ビル1号館。2階に上がるともう廊下には、何やらエスニックな香りが漂ってくる。この奥に、東京台湾料理の名店として名高い「ビーフン東」がある。
店の始まりは明治中頃まで遡る。初代は台湾に渡り、日本海軍指定の料亭を開いた。その後終戦と共に帰国し、大阪で台湾料理を出す店を開く。昭和26年には新橋で「ビーフン東」をオープンさせた。「日本では台湾料理が少なかった時代でも、開店当時から足繁く来店してくださるお客様がいた」と2代目店主の東さんは語る。
具材たっぷりのビーフンは次第に人気となり、ちまきの「バーツァン」は宮内庁御用達の納入品となった。ここのビーフンは、台湾でよく見かけるものとは、ちょっと違う。具材がビーフンと混じっていないのだ。鶏と野菜のスープで茹で戻したビーフンは旨みたっぷり。一見シンプルだけど、なんでこんなに旨いのか。使っているのは、日本のケンミン食品の特注のビーフン。旨さの秘訣を聞いてみても、昔から変わらぬ作り方をしているだけと言う。「でも、うちはビーフン以外すべて手作り。小さいことだけど、うずらの卵ひとつとっても缶詰は使わず、店で茹でています」とのこと。鶏ガラと野菜で丁寧に出汁をとった昔ながらの伝統の味を、ぜひ試してほしい。

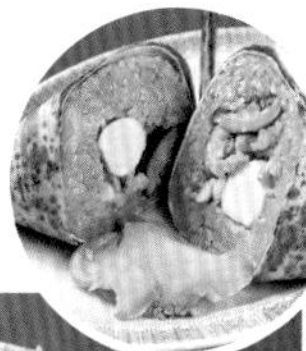

名物の「バーツァン」（770 円）。こぶし大のちまきで、中には豚肉や椎茸などの具材がぎゅっと詰まっている

いちばん人気は、具材たっぷりの「五目焼きビーフン」（935 円）

これが私のイチ押しメニュー、「黒酢の酢豚」（1,760 円）。野菜はなく、肉だけの夢のような酢豚。おいしすぎる！

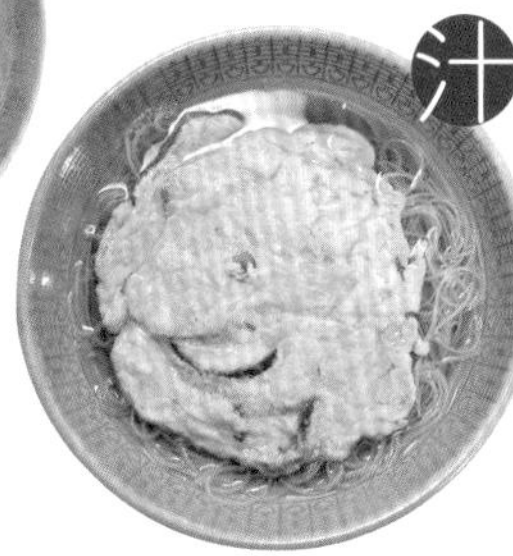

ビーフンは焼きと汁があってどちらか好みを選ぶ。こちらはふわふわ卵がのった「カニ玉ビーフン」の焼きと汁。同じ具材だけどまったく違う料理になっている

上・昭和 26 年当時の新橋の様子。開店当時はまだこのビルはなく、バラックのような建物から始まった／左・新橋駅前ビル 1 号館にあり入りやすい／右・オープンキッチンの明るい店内

住所：東京都港区新橋 2-20-15 新橋駅前ビル 1 号館 2F
電話：03-3571-6078
営業時間：月～金曜 11:30 ～ 13:45、17:00 ～ 20:30、土曜 11:30 ～ 13:15
定休日：日曜・祝日

AREA 代沢

光春（コウシュン）

台湾家庭料理の「三杯雞」(1,620円）は
台湾の料理店には必ずある人気メニュー

オーナーシェフ「菅生イズム」が光るセンスの良さ

京王井の頭線・池ノ上駅から徒歩30秒、線路沿いある「光春」。最初にこの店に行った時には満席で入れず、日を改め再度トライするもまたもや満席。ならばと予約し、ようやく入れた人気店だ。ここは中国野菜を中心に、炒め物や煮込み料理などが食べられる台湾料理店。店内は素朴でオシャレ感は皆無だが、料理1本で堂々勝負している感じがして、それもまたいい。同じ料理でも、こちらのオーナーシェフ菅生さんの手にかかると、キラリと光るものがあって、どこか違うのだ。その秘密を探るべく、菅生さんにお話を伺った。

人気店となった今でも、料理の勉強のため毎年台湾へ行く。「毎回テーマを決めて“今回は腸詰”とか。現地で腸詰の人気店を食べ歩き、台湾にいる友人に頼んで、おいしい店で作り方を教わったりしているんです」と言う。実は菅生さんのルーツは、台湾の南に位置する屏東にある。菅生さんの祖父母は屏東懸恒春鎮で料亭旅館を営み、終戦で引き上げて日本へ。両親は台湾で育ち、菅生さんも子供の頃からよく台湾へ行っていたという。そんな縁もあって、毎年台湾へ赴いているのだ。

台湾で学んだ料理は、そのままを提供するのではなく、いろいろ試してみるという。例えば金沙豆腐に使用する豆腐は、もう少し甘みがあった方が良いと考え、豆腐をイチから作るなどアレンジをする。そこに菅生さんのセンスがプラスされるのだ。

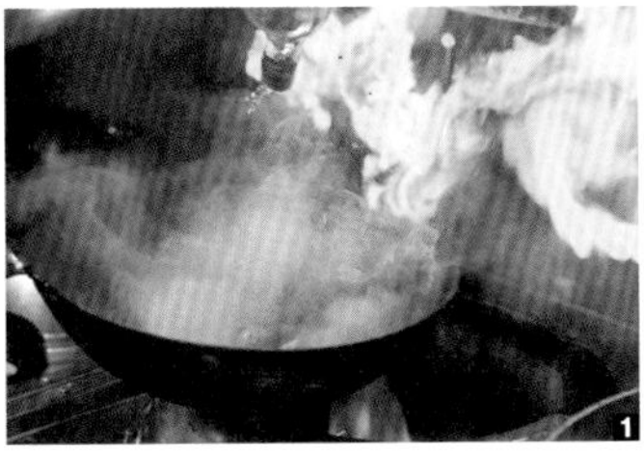

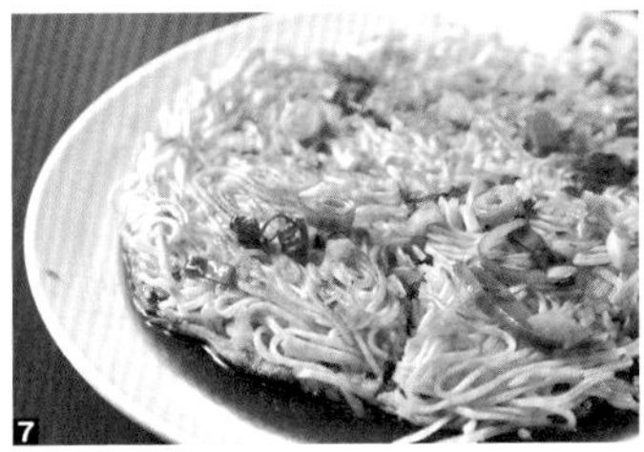

❶オープンカウンターでは、こんな迫力のシーンも見られる ❷飾り気のないシンプルな店内 ❸池ノ上駅の線路沿いに佇む ❹台湾から仕入れた水蓮草。こんなに長いのね ❺絶品すぎて思わず体がのけ反った１日限定６皿の「金沙豆腐」(1,430円) ❻シャキシャキ食感がたまらない「水蓮菜と破布子炒め」(1,430円) ❼レストランでは食べられない屏東の家庭料理「古早味麻油麵線煎餅」

1977年にオープンした店は44年目を迎え、老舗の名店と呼ばれるにふさわしいが、日々研究を重ね、毎年新メニューを開発、季節ごとに料理を変更している。名店の主人は、常に革新していき、探究心が旺盛なのだ。

オープンカウンターの店内では、菅生さんがマジシャンの如く火を扱う姿が見られる。例えば、水蓮菜の炒め物はものの10秒で、煮込み鍋はじっくり弱火で20分、焦げやすいものは鍋を離したり近づけたりと、凄い勢いで手を動かしている。煮込み料理の間には、お客さんと台湾料理について、気さくに話をしている。少人数で訪れるのなら、カウンター席がオススメだ。

住所：東京都世田谷区代沢 2-45-9
電話：03-3465-0749
営業時間：月曜 18:00 ～ 23:00、
水～日曜 18:00 ～翌 1:00
定休日：火曜

一度は食べてみてほしい、火鍋の「ホエコ」(2日前までに要予約)。丸鶏のスープをベースに、味付けは塩、コショウのみの堂々たるシンプルスタイル。エビやブロッコリー、魚丸や豚肉など具材がたっぷり。コンロはなく、外からは火はないように見えるが、グツグツとずっと煮えている。これは鍋の真ん中にある円筒の中に炭が入っているから。常に熱々で食べられる

AREA 西新宿

山珍居（サンチンキョ）

東京でいちばん古い純台湾料理店

日本が誇る名店シリーズの最後を飾るのは、西新宿にある「山珍居」。創業は1947年と、おそらく日本でも最古参の台湾料理店。看板には「純台湾料理」と記されている。「純」とは何かと聞いてみると、「本当の台湾料理、創業当時の台湾の味そのままという意味なんです」と語る店主の黄さん。例えば、こちらの魯肉飯には大きく平仮名で「ろーばーぷん」と表記されている。「ろーばーぷん」とは台湾語の読み方だ。ほかにもメニューには、火鍋をホエコ、腸詰を「煙腸エンチャン」と記載するなど、なるほど台湾料理への意気込みが感じられる。

長い歴史の中で、たくさんの著名人に愛されてきた。1963年に発足された「日本SF作家クラブ」は、11人の若きSF作家が山珍居に集まり、発足準備会を行った。小松左京、光瀬龍、星新一などそうそうたる面々で、後に山珍居がSF小説の聖地と呼ばれるようになった。さらに、小説家で劇作家の長谷川伸を中心に、門下生の山岡荘八、池波正太郎、平岩弓枝などがこぞって訪れたという店なのだ。

さあ、そのような話があると、料理の期待値は俄然上がる。メニューは、壁に書かれている27品。まずは魚丸のスープをいただく。マグロの団子がたまらなく旨い。スープは澄んでいるのに深いダシが出て、この湯だけでたちまち心を掴まれた。大きな老肉（ラオーバ）がのる魯肉飯やエンチャンも絶品。中でもおすすめは火鍋。中央に炭を入れた煙突状の容器の、あの台湾の火鍋が食べられるのだ。具材がたっぷりで、鶏の上品なスープが旨い。この火鍋は日本ではまだめずらしい。台湾の伝統的な火鍋が食べられるのはうれしい限りだ。

左・手前が「ろーばーぷん」。大きなバラ肉の下には、小さな肉がぎっしり／右上・歴史を感じる店内／右下・持ち帰りやお土産の包装紙は、文豪のメッセージとサインが書かれている。店を盛り上げたいと、たくさんの著名人が参加して店に贈ったもの

住所：東京都新宿区西新宿 4-4-16
電話：03-3376-0541
営業時間：12:00 ～ 14:00、17:00 ～ 22:00、土曜 17:00 ～ 22:00、日曜 17:00 ～ 21:00
定休日：月曜

AREA 代官山

AKUBI（アクビ）

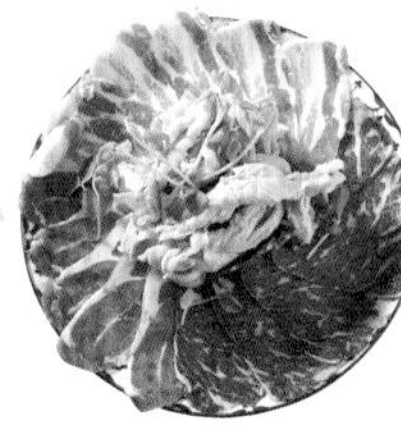

具材のオススメ、「野菜セット」（1,260円）
と「4種肉盛セット」（2,080円）

赤、白ともに10時間以上煮込んで作られた薬膳スープ（2,880円）は4つの特選ダレで。魚介の旨味ダレ沙茶醤（サーチャージャン）、腐乳（フニュウ）など、ここならではのオリジナルダレで旨さUP

Taihu Brewingのロゴがキュートな外観

台湾のクラフト生ビールが飲める火鍋店

2021年の2月、新たに旋風を起こしそうな火鍋店がオープンした。オーナーの早坂さんは火鍋が大好きで、これまで何度も「台湾鍋ツアー」なる旅を決行。なんと1日5食、滞在中の食事はすべて火鍋だった。たくさんの店を食べ歩き、ついには理想の火鍋を作ろうと決意。毎日食べても食べ疲れない、翌日はスッキリと体が軽くなるような鍋を追い求め、無添加の赤と白の2つのスープを生み出した。自家製の3つの辣油やさらに発酵白菜を加えると、台湾でおなじみの酸菜鍋に変身！ いろいろと味変もできるのも楽しい。そしてここでは台湾で人気急上昇の、タイフーブルーイングというクラフトブランドの生ビールが飲めるのだ。ほかにもアジア各国のビールが10タップ。熱々の火鍋と生ビールの相性は抜群だ。

住所：東京都渋谷区猿楽町2-13
F93daikanyama 1F
電話：03-6433-7987
営業時間：17:00～23:30
定休日：不定休

AREA 中目黒

台湾料理 故宮 中目黒店

タイワンリョウリ コキュウ ナカメグロテン

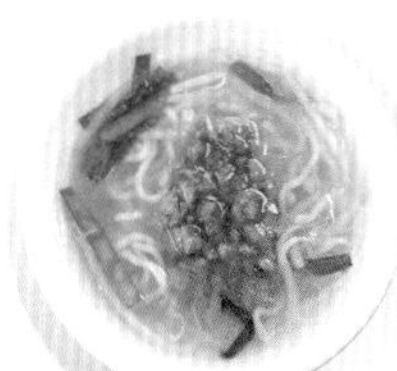

上・双色火鍋は一人前 1,980 円／下右・小さな碗で提供される「魯肉飯」(450 円)／左下・一人ひとつ注文したい小さな「担仔麺」(250 円)

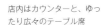

具材がギュッ！ 双色火鍋が人気

台湾料理の人気店故宮が、2018 年に中目黒に２号店を開店した。渋谷店同様名物は、ボリュームたっぷりの北京ダックと台湾野菜の炒め物。これも試してほしいのだが、もうひとつオススメしたいのが火鍋。あふれるばかりの具材がスゴイ。カニ、エビ、豚肉、ホタテ、牡蠣ととにかく具材がてんこ盛りで、鍋が登場するだけで、「うわぁー！」と盛り上がること間違いなし。白と赤の２つのスープがあり、白は、鶏ガラと豚ゲンコツでダシをとったやさしい味。赤は白のスープに豆板醤や麻辣醤、沙茶醤が入ったガッチリ辛めの味。どちらも食べられる双色火鍋が人気だ。旨みダシに、台湾のうどんの「米苔目（ミータイムー）」を入れてシメれば最高だ。

店内はカウンターと、ゆったり広々のテーブル席

住所：東京都目黒区上目黒 1-20-12 コミヤビル 2F
電話：03-5734-1179
営業時間：11:30 〜 15:00、17:00 〜 24:00、土・日曜・祝日 16:00 〜 24:00
定休日：年末年始

AREA 三軒茶屋

帆帆魯肉飯（ファンファンルーローハン）

「魯肉飯」と
「滷蛋」で 880 円

上・いつも笑顔で対応してくれる店主の唐澤さんとスタッフの髙田さん／下・魯肉飯のセットはスープと煮卵が付いて 990 円。ほかに 1 品メニューも

台湾の建築デザイナーに設計依頼したかわいい内装

住所：東京都世田谷区三軒茶屋 1-5-17
電話：非公開　営業時間：火・木・金曜 12:00 ～ 15:00、17:00 ～ 20:00、土・日曜 12:00 ～ 19:00
定休日：月・水曜

行列のできる魯肉飯の専門店

最初は墨田区京島のシェアカフェで曜日営業していた。当時は会社務めの傍ら、休みの日曜日だけ参加。週に 1 度の営業にもかかわらず、人気に。2020 年に三軒茶屋にオープンすると、たちまち行列のできる店となった。オーナーの唐澤さんは、初めて行った台湾旅行で、魯肉飯のおいしさに衝撃を受け、自分で作るようになったという。3 年間研究を重ね、ようやく納得できる味となったのだとか。ここの魯肉飯の魅力は、よく味の染み込んだ肉の深い味わいだと思う。仕込みに 5 時間、コツコツと煮込み、さらにひと晩寝かせて味を含ませる。そうして丁寧に作られた魯肉飯は、噛みしめるほどに、スパイシーで肉の旨みを感じる一品となっているのだ。

台湾茶房（タイワンサボウ） e~one（イーワン）

AREA 大宮

78年前のレシピで作る魯肉飯

さいたま市の武蔵一宮氷川神社の参道には、行列のできる台湾料理店がある。店内は台湾の古い建物をオシャレにリノベーションしたような雰囲気で、ここが氷川神社の参道であることを一瞬忘れてしまう。薬膳コーディネーターの資格を持つご主人と、台湾出身の奥様が台湾のソウルフードを紹介したいと店を開いた。こちらのメニューは楽しい。台南の名物、棺材板(グァンツァイバン)や、台湾鉄道と同じ弁当箱を使った排骨鉄道弁当などもあるのだ。中でもオススメは、台北の創業78年の老舗「伍條通手工米苔目」のレシピで作る魯肉飯だ。こちらの店主は、台湾時代から奥様が料理の師匠と慕う店。門外不出のレシピを特別に伝授してくれたという。台湾の昔ながらの製法で作った魯肉飯が食べられるのだ。

金曜日の日替わりランチで登場する「排骨鉄道弁当」(935円)は、サラダ、スープ付き

肉たっぷりの「魯肉飯」(660円)

上・壁には台湾雑貨や切り絵が飾られ楽しげな雰囲気／下・武蔵一宮氷川神社の日本一長い参道に佇む

住所：埼玉県さいたま市大宮区東町1-121-2
電話：048-871-8161
営業時間：11:00～14:30、18:00～21:30
定休日：日・月曜

巨大豚バラ煮込みを喰らう

本書の取材は緊急事態宣言下の中で実施。予定していた店が取材できなくなり、残念ながら諦めたところも。しかし、どうしても紹介したいお店がひとつある。写真撮影はできなかったので、イラストでお届けしたい。

その店は、巣鴨のとげぬき地蔵にほど近い路地裏にある「台湾」。牛肉麺やビーフン、魯肉飯など台湾家庭料理が食べられる、テーブルが４つのみの小さなお店だ。台湾の昔ながらの食堂といった雰囲気で、話好きで明るい台湾出身のママさんと、日本人のマスターのご夫婦で切り盛りしている。

何を食べてもおいしいけれど、名物は角煮定食だ。厚さ5cm、長さ15cmはあろうかという、豚バラの煮込みがドーン。スーパーで売っている豚バラ肉のパックをイメージしてほしい。そのくらいの大きさが提供されるのだ。「食べる、いただく」というよりも、「喰らう」や「おみまいされる」という言葉がぴったり。それでいて、箸でスッと切れるほどやわらかく、口の中で溶けてしまうほどの繊細な食感を持ち合わせている。醤油ベースの甘いとろみ餡も独特だ。およそ500gはありそうなデカすぎる肉と繊細でやわらかな味のギャップがたまらない。ツンデレか。これで1,000円というコスパも素晴らしい。さらにこれに２か月間煮続けた「鉄卵」(100円)をつけてほしい。びっくりするほど硬い卵は、よく味が染み込んでおいしい。

肉を存分に食らいたい時にお腹を空かせて訪れて、おみまいされてほしい。

台湾料理(タイワンリョウリ) 台湾(タイワン)

住所：東京都豊島区巣鴨 3-39-9
電話：03-3940-4300
営業時間：11:00 ～ 15:00、17:00 ～ 21:00
定休日：日曜

ヤマキコラム②

夜中に台湾料理が食べたくなったら

「台湾料理が食べたい！」それは当然やってくる。昼間なら店も空いているので問題ないが、夜中だったらどうするか。そんな時に超簡単にできる2つの料理を紹介したい。まずは所要時間5分の「鼓汁生菜烏冬（チージーシェンツァイウドン）」。名前だけでは何やら立派な料理のようだが、「うどん」である。用意するのは、レタス、生姜、うどん、ごま油と醤油。冷蔵庫にありそうなラインナップだ。しかし醤油は中華の「蒸魚鼓油（ジェンユーチーヨウ）」を用意したい。これは蒸し魚にかける醤油で、日本の醤油より薄く後味が爽やか。なければ麺つゆでもいい。作り方はとても簡単。まずうどんを茹でる。茹で上がったら皿に取り、残った湯に油を数滴たらし、ザク切りのレタスをサッと茹でる。うどん、レタスの水を切り皿にのせて、千切りの生姜を加える。蒸魚鼓油をぐるりと回しかけ、仕上げに熱したごま油をかければ完成だ。ポイントは、うどんがクタクタになるまで鍋で熱すること。うどんは高級なものでなくていい。高くても安くても、茹で続けると同じような「小麦粉の何か」となる。シャキシャキレタスと生姜、ごま油がアクセントになった、熱々うどんをかっこむんだ。こんなに簡単なのに、びっくりするほど旨い！　これは横浜中華街の食材店「耀盛號」の加藤店長に教えてもらったレシピで、本当にバカ旨なのだ。そして、デザートも作っちゃおう。取材時に、浅草豆花大王で桶いっぱいの豆花をいただいた。それから数日間おいしい豆花を食べていたのがきっかけで、私に豆花ブームが訪れた。しかし、浅草豆花大王の豆花はもう家にはない。またまた昼ならいいけど、深夜に豆花ブームが襲来したらどうする？　そんな時は冷蔵庫の中のもので、豆花風を作るのだ。これは浅草豆花大王をはじめ、取材したたくさんのスイーツ店の皆さんにお叱りを受けるような手法だ。申し訳ない。まず大方の予想通り、用意するのは豆腐。これは絹がいい。そしてトッピングの豆。これはいろいろ試したが、フジッコのおまめさんシリーズの「きんとき」がいちばん旨い。きんときは汁も入れちゃう。これに黒蜜をかければ、即席の豆花風デザートが完成だ。「豆花風」だから許してほしい。深夜に突然の台湾ブームが訪れたら、きっとこれで凌げるはずだ。

TAIWAN TRAIN FOODS

台鉄駅弁が食べたい

台湾鉄道さながらの弁当を

鉄道でぐるりと1周できる台湾は、昔から駅弁が発達している。台東の米どころ池上には駅前から弁当屋がずらりと並び、阿里山鉄道の奮起湖駅発祥のステンレス製の弁当箱は、台湾グルメを代表する弁当として有名だ。鉄道を利用する観光客は台北駅で弁当を買い込み、電車の中で食べるのが楽しみ。そんな人気の弁当を日本でもと、台湾の駅弁を提供する店がある。ここで紹介する3軒は、味はもちろんパッケージの再現度も高く、思わずテンションが上がっちゃう。

AREA ● 西荻

街角饅頭店（マチカドマントウテン） 吉祥天（キッショウテン）

左・レトロなパッケージがかわいい台湾鉄道弁当は500～680円／右・ぜひオススメしたい旨すぎる弁当は、手前から「宮保鶏丁（ゴンバオジャーディン）弁当」と「排骨(パイコー)弁当」

1

2

3

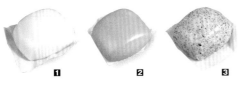

1饅頭はひとつ100円から。こちらは真っ白な「牛乳饅頭」**2**香ばしい「黒糖饅頭」 **3**「ごま饅頭」は風味豊か **4**砕いたくるみ入りの「くるみ饅頭」 **5**しょっぱいネギ入りの「花巻饅頭」は120円

4

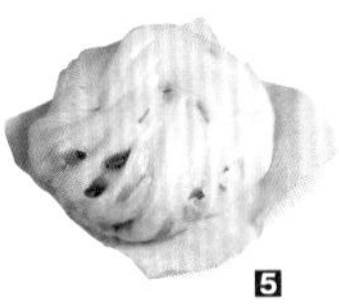
5

キュートなパッケージの絶品弁当

点心料理師の資格を持つオーナーが作る、人気の饅頭店。メニューはちまきや角煮サンドなどのスナック系で、テイクアウトのスタンドタイプ。オススメは5種類のお弁当。より台鉄弁当に近づけたいと、パッケージは台湾から購入している。本場の台鉄弁当よりも旨いかも、弁当目当てにわざわざ出かけたい。

住所：東京都杉並区西荻北3-11-18
電話：03-6913-5659
営業時間：11:00～15:00
定休日：不定休

昔懐かしの台鉄弁当は 1,210 円

ニンニクが効いた甘めのタレでいただく「肉圓」は 580 円

ピアきんしちょう商店街に佇む

AREA 錦糸町

台湾厨房 劉の店（タイワンチュウボウ リュウ ミセ）

町で人気の料理店が作る台鉄弁当

JR 錦糸町駅から徒歩 1 分、地元で愛されている台湾料理店。セットメニューが充実していて、ランチ時間には多くの人で賑わう。名物は肉圓と、オープン当初から販売している台鉄弁当。ステンレス製の丸い弁当箱に入った奮起湖タイプだ。中身は大きな排骨でボリューム感たっぷり。

住所：東京都墨田区江東橋 3-12-5
電話：03-5600-2118
営業時間：11:30 ～ 15:00、17:00 ～ 23:00
定休日：不定休

AREA 大宮

台湾茶房 e~one（タイワンサボウ イーワン）

じっくりと揚げた排骨（パイコー）の旨さ

埼玉県大宮の人気の台湾料理店で、日替わりランチの金曜日に登場するのが排骨弁当。奮起湖の名物の駅弁を思い起こさせる容器で、いつも早い時間に売り切れてしまう。豚ロースと香油で炒めたニンニクのキャベツ炒めに煮卵と、定番のスタイルの台鉄弁当だ。

金曜日のランチ限定の「排骨弁当」（935 円）

→ 店舗詳細は p.49 へ

AREA 新橋

台湾麺線（タイワンメンセン）

レギュラーサイズ（737 円）麺線を中心に、「魯肉飯」や「水餃子」など台湾の人気料理を揃える

発酵させた酸っぱい白菜は、台湾から仕入れた本場の味。「酸菜豚肉鍋」（1,848 円）

具材は豚の大腸とパクチー。熱々のとろみ餡が旨すぎる

麺線好きが高じて店をオープン

「台湾が好き、中でも麺線が大好き」と語るオーナーの林さん。きっかけは初めての台湾旅行で、麺線のおいしさに衝撃を受けたこと。それ以来、麺線の店を食べ歩き、いつも身近で食べられるようにと、2013 年、麺線の専門店をオープンした。焼津産のカツオ節粉を惜しみなく使いダシの効いた絶品の麺線は、ひと口食べると箸が止まらなくなるのだ。ほかにも臭豆腐や鶏排などの一品料理や、おつまみの小菜など豊富な料理が揃う。中でもオススメはひとり用の鍋。４種類から選べて、特にいちばん人気の酸菜豚肉鍋は台湾の味そのもの。

住所：東京都港区新橋 5-22-2　電話：03-6435-6032
営業時間：月曜 11:30 〜 15:00、火〜金曜 11:30 〜 14:30、17:00 〜 22:00、土曜・祝日 11:30 〜 15:00、15:00 〜 20:00　定休日：日曜

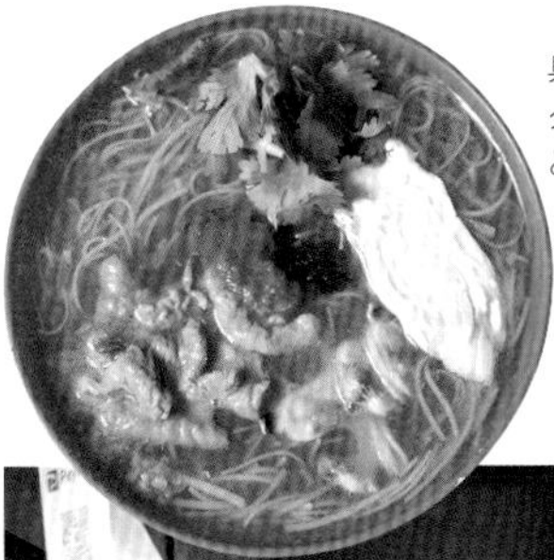

具材たっぷりの「麺線」はダーワン（中碗660円）など3サイズ

AREA 西新宿

台湾佐記麺線（タイワンサキメンセン）&（アンド）台湾食堂（タイワンショクドウ）888（バーバーバー）

ランチタイムは台湾佐記麺線、夜は一品料理が楽しめる台湾食堂 888 として営業

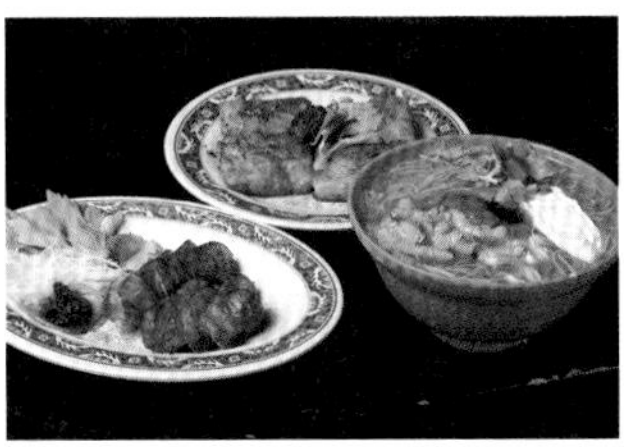

上・左から時計回りに「香腸」、「大根餅」ともに610円／下・屋台のような雰囲気のカウンターの店

西新宿の路地に佇むカウンターの麺線店

チャイナ エアラインの社員だった佐久間さんが、この店を開いたのは 2016 年。台湾への出張が多かった社員時代に、麺線のおいしさに注目。退職後、麺線を紹介すべく専門店の開店をを構想、さまざまな店を食べ歩いた。と、ここまではよくある話なのだが、佐久間さんの集中力は半端ないのだ。1日 10 食も麺線を食べ、約 100 軒を訪れて研究。気になる店には5日間連続で通い、1日中その麺線を食べ続けたという。「嫌になるまで食べ続け、身体に叩き込んで覚えた」というからスゴイ。「それしかやり方が分からなくて」と笑う佐久間さん。そうして作り上げた麺線は具材たっぷり。これには理由があって、佐久間さんが敬愛する台湾の麺線店はとにかく具が多い店で、「そこがそんなに乗っているのに、うちもあやかるべく具だくさんにしたかった」と語る。食べ応え十分の麺線なのだ。

住所：東京都新宿区西新宿 7-12-12
電話：03-3365-3050
営業時間：月～金曜 11:30 ～ 14:00、月～土曜 18:00 ～ 21:00
定休日：日曜・祝日

薬膳香る「阿Q牛肉麺」(880円)

AREA 南砂町

台湾屋台 阿Q麺館

タイワンヤタイ アキュウメンカン

最後の一滴まで飲みせる薬膳スープの牛肉麺

東京の牛肉麺ナンバー１と密かに囁かれている阿Ｑ麺館。オーナーのレイケンさんの実家は、台北の人気店「阿Ｑ担仔麺（タンツーメン）」だ。そのレシピを受け継ぐ味を求め、遠方から訪れるファンも多いとか。店に入るとすぐに券売機があり、ここで食券を買う。名物は牛肉麺でゴロゴロと大きな牛肉は、箸で切れるほどやわらか。肉は、６時間弱火で煮て冷ますを繰り返し、丸２日かけて仕込む。スープは牛骨をベースに、数種類の漢方をブレンドして作る。「日本人はラーメンのスープを残す人が多いけど、うちのスープは漢方を使い、塩分も少ないので安心して全部飲んでほしい」と語るレイケンさん。やさしい漢方のスープは旨味たっぷりでめちゃウマ！これなら全部飲める。

日替わりにも登場、肉がいっぱい「鶏肉飯」

外はカリ中はふんわりの「排骨飯」(980円)

シンプルながら屋台のような雰囲気もある

台湾のこれぞというメニューが勢揃い。すべての料理のボリュームは多いので満足度高し

住所：東京都江東区東砂 7-10-12
電話：080-4341-0066
営業時間：11:00 ～ 14:00、17:30 ～ 22:00
定休日：月曜

AREA 船橋

慶龍（チンロン）

1

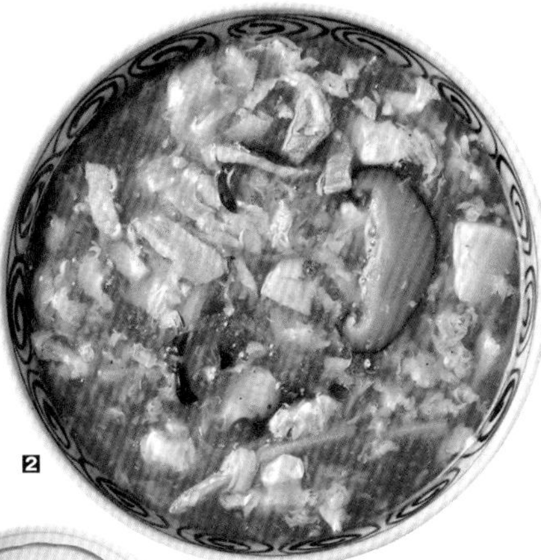
2

3

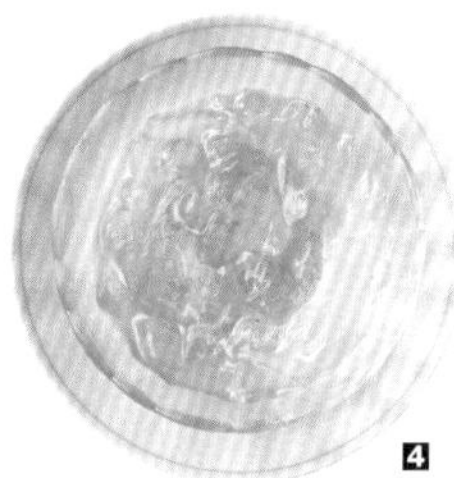
4

1 めずらしい原住民料理の「豚焼肉」もある。メニューは多く、麺料理だけでも24。リクエストに応えていたら増えてしまったのだとか 2 名物の「酸辣湯麺」(900円) はほとんどの席でオーダー 3 シロップにひと塊の「杏仁豆腐」(200円) 4 これこれ！ これが絶品の「ジャスミン茶ゼリー」 5 強い火力でサッと仕上げる 6 点心はすべて手作り

5

6

誠実で実に気持ちがいい店

近くにあったら週5で通いたい、毎日でも食べたい台湾の家庭料理店。家族で経営する創業33年の人気店だ。店内は実にシンプルで、装飾はなく壁にはメニューが貼り出されているだけ。でもこれがいい。温かいおしぼり、飲み物はホットと冷たいジャスミン茶を用意。ホットはポットで、冷たいのはペットボトルをドンとテーブルに置いてくれる。そこも好き。

台湾料理一筋40年の店主が作る料理はどれもおいしい。ぜひ試してほしいのが、有名ホテルのパティシエだった娘さんが作る、ジャスミン茶のゼリーだ。初めて食べた時は衝撃が走った。爽やかながらしっかりと香るジャスミン茶の味。こんなスイーツ食べたことない。これが200円とは。料理が済むと、必ず店主が挨拶に来てくれる。味、対応、サービス、どれをとっても実直で素晴らしい、とっておきの店だ。

住所：千葉県船橋市湊町 3-6-24
電話：047-437-7088
営業時間：11:00 ～ 21:00
定休日：日曜

「小籠湯包み３個」(418 円)

1リーズナブルな価格の点心は、たくさん注文して食べ比べするのがオススメ　2３種類のラー油で味変するのも楽しい　3こちらも人気の「焼き餃子」(462 円)　4どこかオリエンタルな雰囲気の店内

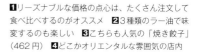

AREA 目黒

台湾点心専門店（タイワンテンシンセンモンテン） 巧匠（チャオジャン）

女性人気の高いおしゃれな点心

目黒駅から徒歩 10 分、東京都庭園美術館方面に向かう坂を上り切った場所にある「巧匠」。照明を少し落としたアジアンリゾート風の店内は、テーブルも広くゆったり。ここは定番から台湾野菜を使った変わりダネまで、点心メニューを 22 種類揃える専門店だ。店内で皮から作り、作りおきは一切しない。日本人の口に合うように香辛料は控えめで、食べやすい味。小籠包は肉がたっぷりで、溢れる肉汁が旨いのだ。店オリジナルのラー油は、辛口から風味を味わうものまで３つあり、ひとつの料理で３度おいしい。女子会などで、ちょっとおしゃれに台湾料理を楽しみたい時に、ぜひ利用したい店。

住所：東京都品川区上大崎 2-13-22
電話：03-6277-0559
営業時間：11:00 ～ 15:00、17:00 ～ 22:30
定休日：水曜

AREA 世田谷

鹿港

地元で大人気の肉包と饅頭

台湾中部にある鹿港という街の肉包の名店「振味珍（ゼンウェイゼン）」で修行した、小林貞郎さんが開いた肉包（肉まん）の専門店。商品は全部で6種類、ひとつ180円の肉まんを中心に、寒い季節には1日2,000個も売れるという。夕方にはほぼ売れ切れてしまうので早めに出かけたい。オススメは、キメが細かく弾力のある蒸しパンの饅頭。いろんな具材をサンドして食べてもおいしい。

住所：東京都世田谷区世田谷 3-1-12
電話：03-5799-3031
営業時間：9:00 ～ ※売切れ次第閉店
定休日：木・第2・4水曜 ※7・8月は水・木曜

1

2

3

1 15分ごとに蒸しあがる巨大セイロ　2 ひとつずつ手包みされたキレイな肉包　3 手前から時計回りに「黒糖」、「饅頭」、「肉まん」

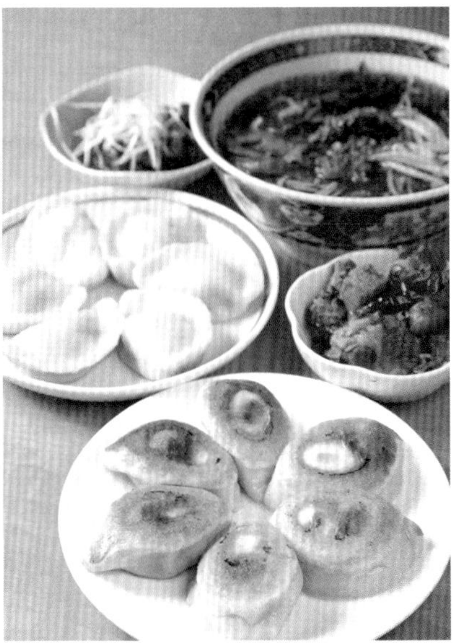

「焼餃子」、「水餃子」ともに600円。おつまみは420円～

住所：東京都渋谷区代々木 1-33-2
電話：03-3375-1868
営業時間：11:00 ～翌 1:00
定休日：なし

でっかい餃子 代々木店

AREA 代々木

飛び出す肉汁注意の餃子

2004年のオープン以来、昼時は行列ができる人気店。店名の通り、ここの餃子は大きい。長さは約6cm、高さは1.5cm以上もある迫力のサイズ。溢れ出る肉汁がたっぷりの餃子は、なんと小籠包をベースに考えられたもの。中身は肉が98%であとはニラという“肉肉”しさ。中身もさることながら、もちもちの皮も絶品！ハフハフしながら大きい餃子に豪快にかぶりつこう。

AREA 中目黒

東京台湾

トウキョウタイワン

いい意味でごちゃごちゃしたかわいい店内

まるで台湾の古民家にタイムトリップ

この店に一歩入れば、そこは間違いなく台湾だ。カウンターとテーブル席、奥には座敷があって、初めて行ってもどこか懐かしい気持ちにさせる。この店のオーナー須藤さんの前職は、イタリアンレストランのシェフだ。当時店には台湾人のスタッフがいて、仲良くなった２人は彼の故郷の台湾へ旅をする。旅の中で、地元のおばあちゃんに料理を習ったり、ドキドキしながら路地裏を歩いたり。夜市でイキイキと盛り上がる屋台飯など、須藤さんはいろいろと衝撃を受けたという。帰国後は２か月に１度の割合で、台湾へと出かけるようになった。そこで経験した料理や文化を伝えようと、旅で得た想いを詰め込んだ店を2014年秋にオープンさせた。当時はまだイタリアンレストランで働いていたので、店はレストランの休みの日の月曜日だけの営業だった。すると、週１しか開かない不思議さと水餃子のおいしさがSNSで話題に。そしてついに2017年、満を持してグランドオープンしたのだ。

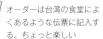

オーダーは台湾の食堂によくあるような伝票に記入する。ちょっと楽しい

上･ボリュームたっぷりの「水餃子」(550円)／下左･窓際のカウンターとテーブル席／下右・激ウマの「煮揚げ豆腐」(825円)。沙茶醤をベースに6種類の野菜と牛すじで煮込んだピリ辛豆腐

名物料理は手包み水餃子で、通常の店の約2倍の32gと大きい。具材は豚肉とニラのシンプルスタイルだ。これにとろみのついた台湾醤油をベースに、ココナッツや豆豉醤を加えたタレでいただく。皮はプルプルで、オリジナルのタレがよく合う。文句なしに旨いのだ。この店は料理だけではなく、雰囲気や空間も楽しい。ここで次に行く台湾旅行の計画を友人と語り合えたら最高だ。

住所：東京都目黒区上目黒 2-14-1
電話：03-6451-2499
営業時間：12:00 ～ 14:00、17:00 ～ 22:00
定休日：火・水曜

AREA 国立

中一素食店 健福（ナカイチソショクテン チェンフー）

上・本日のオススメ定食、「酢豚丼風」1,080円／左下・素食の元となるさまざまな形の大豆ミート

日本の台湾素食(スーシー)界のパイオニア

創業35年、台湾ブームの前からこの地で素食を紹介する店。社長を務める李さんは、日本に素食の素晴らしさを伝えたいと、素食専門の輸入食材も販売している。さらに台湾素食ツアーを開催するなど、精力的に活動。日本の精進料理は質素なことから、素食というと食べ足りないのではと思うが、このお店の料理は、肉を代替の大豆ミートにするだけで、作り方もボリュームもほかの台湾料理と同じ。例えば酢豚は、普通の酢豚と変わらない。これが大豆ミートと言われなければ、まったくわからないのだ。これはスゴイ！

こんなにも多彩な素食料理

住所：東京都国立市中1-19-8
電話：042-577-3446
営業時間：11:00～15:00、17:00～21:30
定休日：火曜

「おかえり」とやさしく迎えてくれるアットホームな雰囲気

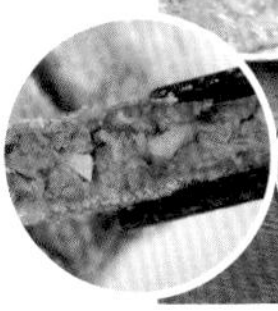

「精進カツ定食」(1,200円)はいちばん人気のメニュー

AREA 中野

香林坊（コウリンボウ）

完全オリジナルの素食店

中野ブロードウェイの２階に、オープンして35年の素食の店がある。ここをひとりで切り盛りするのは台南出身の麗安ママ。もともとはベジタリアンではなかったが、ある時肌荒れに悩まされるようになり、医師の勧めのもと菜食中心に食事を改善するとすぐに解消。それ以降ベジタリアンに。素食の素材は、麗安ママが開発した椎茸の茎。通常肉の代替としては大豆ミートを使うことが多いが、独自に研究を重ね、椎茸の茎を使って肉に見立てた餡を作り出すことに成功した。大豆ミートに比べると、しっかりと椎茸の味がするが、香りも良く素朴で毎日食べられる味だ。ここでしか味わえない麗安ママの素食を、ぜひ試してみてほしい。

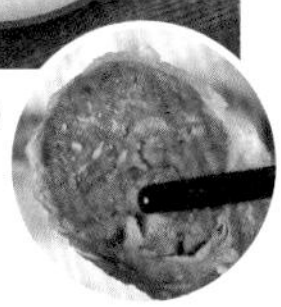

本日の日替わり定食（1,100円）は、「珍ピラ揚げ」なるメニュー

住所：東京都中野区中野 5-52-15 中野ブロードウェイ 2F
電話：03-3385-7005
営業時間：11:30 ～ 15:00、17:00 ～ 20:00
定休日：日曜

路邊攤

AREA 蒲田

思郷村

賑やかな台湾屋台の雰囲気と絶品料理

1年中春節のような楽しい雰囲気の、カウンター中心の店。宜蘭出身の美秀ママが、自身のお母さんの味を再現した、いわばおふくろの味を楽しめる。新鮮野菜を使った料理のチンゲン菜や山東菜、A菜などの炒め物がおいしい。すべての料理は手作りで、休みの日は手間のかかる肉圓に1日を費やすのだとか。メニューはおよそ80種類、何を食べるか迷ったら、ぜひオススメしたいのが「四神湯とおこわのセット」（1,200円）だ。薬膳スープに大腸がたっぷり。漢方が香る一切臭みのない鮮度の高い豚の大腸は、感動を覚えるほど旨いのだ。薬膳スープに浸かった肉圓も絶品！ 全メニュー制覇したいと思わせる店だ。

左・メインのカウンターと奥に座敷がある
右上・カツオの風味がバリッと香る「大腸麺線」（900円）
右下・スープ皿に盛られた「肉圓」（550円）

これこれ！ こんなに旨い四神湯、飲んだことがない

住所：東京都大田区西蒲田 5-27-15
電話：03-3733-3718
営業時間：17:00 ～ 24:00
定休日：月曜

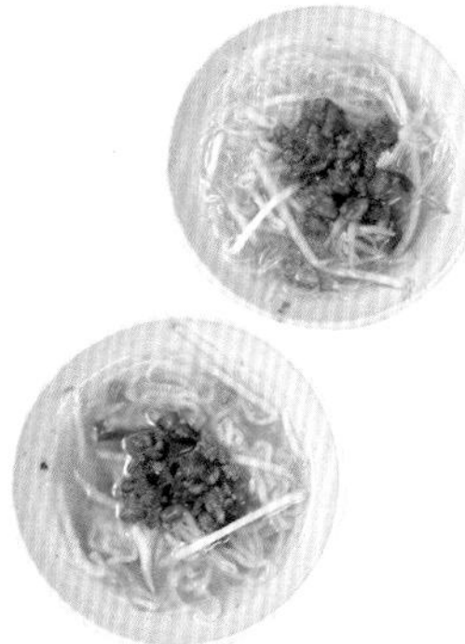

ほぼ全員が頼む小さな「担仔麺」、「担米粉」は150円。めちゃめちゃ旨い！

上・レトロなレンガや絵が台湾気分を盛り上げてくれる
下・担仔麺、担米粉コーナー。出店みたいでかわいい

酒に合うようにか、味付けは濃いめ。名物の「香腸」と「塩蜆」

AREA 下北沢

新台北（シンタイペイ）

屋台料理を中心に一杯やりたい

オープンして33年、下北沢が誇る地元に愛される人気台湾料理店。台北の屋台をイメージして作られた楽しげな店内には、さらに担仔麺、担米粉を作る屋台のようなコーナーがあって、まるで夜市のような雰囲気なのだ。この店の名物は、台湾のソーセージの香腸(660円)とシジミの醤油漬けの塩蜆(825円)。甘くてボリューム感のある香腸は黒豚、これを醤油ベースのピリ辛ダレでいただく。塩蜆はシジミを米酒とニンニクに漬け込む料理だが、ここの塩蜆は目の覚めるようなキリリとした味わいで、ニンニクがバリッと効いて、酒がついつい進むのだ。

住所：東京都世田谷区北沢 2-6-5
電話：03-3485-1626
営業時間：17:00 ～翌 2:00、
土・日曜・祝日 11:30 ～翌 2:00
定休日：なし

手前から時計回りに、「鶏足煮込み」（640円）、「牡蠣入り玉子焼き」（880円）、「台湾ラーメン」（300円）。手頃な価格がうれしい

AREA 小岩

小味園本店（ショウミエンホンテン）

地元に愛される「町台湾」

安くておいしい中華料理店を指す「町中華」という言葉は巷で定着したが、その台湾版のような店で、私は町中華ならぬ「町台湾」の最高峰と呼んでいる。気軽に行けていつでも旨い、こんな店が家の近くにあったなら。現在は2代目で、台中出身のご両親が1988年にオープンした「小味園」。本場台湾の味を日本人の口に合うように、八角を控えめにするなど食べやすいようにアレンジ。台湾ビーフンは300円、油条は280円とリーズナブルな価格設定。名物は水餃子（300円）でほとんどのテーブルでオーダーされるほどの人気ぶり。ほかにも屋台でおなじみの牡蠣入り玉子焼きから、トロトロでコラーゲンたっぷりの鶏足煮込みなど本格的な台湾料理が楽しめる。

お祭りのような雰囲気がある店内

住所：東京都江戸川区西小岩 5-1-13
電話：03-5694-2835
営業時間：11:30 ～ 23:00
定休日：なし

AREA 大森

本場台湾小料理カフェバー（ホンバタイワンコリョウリ）

一品料理「大人のナス揚げ」（1,100円）をセンターに、ぐるりと取り囲む滷味と小吃

本格滷味（ルーウェイ）をずらりと16種類揃える

JR大森町駅から徒歩5分、本格的な滷味が楽しめる店がある。滷味とは、醤油ベースのスープに、肉や野菜、魚介などさまざまな食材を入れた煮込み料理のこと。台湾の夜市でおでんのような滷味の屋台を、見たことがある人も多いはず。なかなか日本ではお目にかからないが、こちらではなんとハチノスや豆乾など、16種類も揃えているのだ。さらに惣菜の小皿料理の小吃（シャオツー）も8種類。これが全部350円とリーズナブル。台湾の調理師の資格を持つ、料理人歴36年のベテランシェフが、ひとつひとつ手作りしている。ほかにも1品料理や季節のメニューも多数。仕事帰りにサクッと寄って一杯やれるおいしいお店だ。

エレベーターで6階が開くと、通路やドアはなくいきなり店となるので、最初の訪問では驚く。白壁にカウンター、装飾はなく大きな写真が2枚だけと極めてシンプル

住所：東京都大田区大森北1-4-8 森央ビル6F
電話：03-5763-5697
営業時間：11:30 ～ 15:00、17:00 ～ 20:00
定休日：第2・4月曜※祝日の場合は営業、翌日休み

很期待

AREA 新宿

叙楽園（ジョラクエン）

左・やさしい李ママ(右)に惹かれて通う人も多い／下・妖艶な魅力を放つ店の外観

「スルメイカと干し豆腐炒め」(1,200円)、「豚バラ肉と干しからし菜煮」(1,200円)など、日本人にも好まれる味も多い

歌舞伎町の路地裏の不夜城

歌舞伎町の奥の奥、そんな言葉がぴったりくる、怪しげな店構え。小さなテントの飲み屋街を抜け、真っ赤な階段を上り店内へ。もうこれだけでワクワク。この店に行くまでの導線は実に魅力的だ。ここはオープンして30年、台北出身の李ママが切り盛りする台湾料理の店。メニューは100種類以上、どれにするか迷ったら、日本ではまだめずらしい客家(ハッカ)料理のメニューをオススメしたい。客家料理はひと言で語れないほどバラエティ豊か。野菜や山草、大腸などの食材を使い、濃いめでこってりとしたものから、苦味や酸味が強い料理までさまざま。漢民族の流れを汲む客家では、料理は女性の仕事。ここでも李ママが腕を振るう。私はこの店のはっきりとした味の客家料理が大好き。中国から台湾へ伝えられ、台湾の客家料理を日本で。

住所：東京都新宿区歌舞伎町1-3-10 叙楽苑ビル2F
電話：03-3202-2243
営業時間：17:00～翌5:00
定休日：なし

AREA 蒲田

喜来楽(シライル)

はじめはドキドキ入れば天国

JR 蒲田駅西口から徒歩５分、東急池上線の線路沿いに佇む１軒の怪しげな店。台湾の旗や提灯が揺れ、手書きのメニューと店前の雑多な置物。その佇まいは台湾の路地裏の食堂のようで、どうにも好奇心がくすぐられる。店は小さなテーブルが２つとカウンター、７人も入ればいっぱいだ。店を切り盛りするのは、深山さんと宜蘭出身のマリちゃんのご夫婦。この店は実に自由だ。例えば肉圓の上に盛るパクチーは、傍らのタッパーから自分で好きな量を入れる。マリちゃんはテキパキと料理をオススメするが、これは全部受け入れたい。マスターはほかの客が麺線をオーダーすれば、「麺線作るけどいる？」と聞いてくる。これも受け入れたい。なぜならこの店はどの料理もおいしくて、とっても安いから。麺線は400円、お茶の煮卵の茶葉蛋（チャーイエダン）は 100 円、葱油餅（ツォンヨゥピン）は 400 円と、たくさん頼んでお酒を飲んでも 2,000円もあればお腹いっぱいになれるのだ。マリちゃんとの会話が楽しいから、最初に好きなものをいくつかオーダーして、オススメを受け入れる態勢を整えてから望みたい。塩味が強めのしっかり味で、これが酒のつまみによく合うのだ。

上・線路沿いにひと際異彩を放つ店構え
中・台湾家庭料理や屋台料理が味わえる
下・店はこじんまりとして調理場とも一体化。独特なアットホームな雰囲気を感じる

住所：東京都大田区西蒲田 7-60-9
電話：090-4527-3392
営業時間：17:00 ～ 24:00
定休日：なし

AREA 荻窪

呉（ウー）さんの台湾料理（タイワンリョウリ）

甜麺醤で炒めた濃いめの味。アツアツをごはんにドン！ たまらない旨さのピリ辛ナスの「醤爆茄子」（748円）

上・おつまみにピッタリの「塩豚ときくらげの香酢和え」（550円）／下・「鶏肉の漢方炒め」（748円）

ご飯がススム多彩な台湾家庭料理

新宿御苑で大人気だった「呉さんの厨房」を閉め、こちらに移転したのは8年前。忙しすぎる前店では休みなく鍋をふり続け、ついに腕が上がらなくなったという。3年間休業後、もっとゆったりとしたペースで提供できるお店をオープンさせた。もともと人気店だった呉さんが作る台湾家庭料理は、安くておいしいと評判だ。300円と500円の小皿料理が中心で、一度にいろんな料理が試せるのがいい。壁いっぱいに書かれたメニューから好きなものをオーダー。味は濃いめで、ご飯と一緒に合わせて食べたり、お酒も進みそうなおかずが揃う。オススメは「鶏肉の漢方炒め」。甘くて苦いトウキに香ばしいネギと鶏肉を醤油ベースで炒めたもの。これをごはんにドンとのせれば「ああ、台湾の味だ」と箸が止まらないのだ。

黒を基調としたオシャレなカウンターと奥にはテーブル席がある

住所：東京都杉並区天沼 3-1-5
電話：03-3393-1068
営業時間：11:30 ～ 14:30、17:30 ～ 23:00
定休日：月・火曜

AREA 新橋

タイワンリョウリ　コウミ
台湾料理 香味

台湾の屋台をイメージした店内にひと目惚れ

食の激戦区新橋で創業35年を迎える「香味」。店に一歩入れば、まるで台湾の屋台に遊びに来たかのような雰囲気とレトロ感。ペタペタと貼られたたくさんのメニュー、台湾の美しい風景を写した観光ポスター。その雰囲気の良さに、料理を食べる前から楽しくなってしまうのだ。壁にもあるがメニューは分厚いファイルがドン。料理は100種類以上、写真付きなので迷わず注文できる。いちばん人気の魯肉飯（700円）は豚バラ、挽肉、カシラ、皮の4種の部位を煮込んだもの。それから注文してから揚げる、揚げパンも人気だ。台湾料理って、肉や野菜はどこでも食べられるイメージがあるけど、新鮮な魚介類のメニューは割と少ない。ここではカジキマグロや牡蠣などの貝類を使った料理が本日のオススメで登場。北海道産の新鮮な白貝を強力な火力でサッと炒めれば、そりゃもう間違いなく旨い。まるで台湾の居酒屋、熱炒（ラーチャオ）のような料理を出してくれるところもお気に入りなのだ。

上・「カジキマグロの酢豚風炒め」（1,000円）
下・岩手産の地鶏を使った「蒸し鶏」（900円）

この雰囲気の良さに完全にやられる、屋台のような店内。壁の文字はメニュー

テーブルは５つ、人気店なので予約してから出かけたい

住所：東京都港区新橋 3-16-19　電話：03-3433-3375
営業時間：11:30 〜 14:00、17:00 〜 23:30、
土・日曜 11:30 〜 15:00、17:00 〜 22:30
定休日：月曜

AREA 五反田

東京豆漿生活
（トウキョウトウジャンセイカツ）

いちばん人気の「鹹豆漿」(500円)

左・焼餅に好きな具材をトッピング／中・焼きたての台湾風パンがずらりと並ぶ／右・シンプルでおしゃれな店内

開店とともに満席の行列のできる朝食店

この店の朝食から１日が始まれば本当に幸せ。鹹豆漿（シェントゥジャン）のやさしいスープを飲めば、今日一日頑張れそうだ。豆乳を使ったスープをメインに、焼きたての焼餅（シャオピン）などの台湾風焼きパンが並ぶ。台湾の代表的な朝ごはんの鹹豆漿は豆乳にお酢のタレを入れて作るスープたっぷりのおぼろ豆腐のようなもの。オーダーしてから作り、できたてが味わえる。爽やかな酸味がたまらなくおいしくて、できればお代わりしたい。仕込みは毎朝５時から開始し、１日10kgの大豆を絞るのだ。店内のパン工房はフル回転だ。焼餅は具材を挟んでサンドイッチにできるという。店長がオススメしてくれた具材は、ネギ卵焼きに肉鬆（ロウソン）、そしてなんと大きな油条（ヨウティヤオ）だ。台湾では定番で、食感とコクを加えてくれる。これは旨い！

住所：東京都品川区西五反田 1-20-3
電話：03-6417-0335
営業時間：9:00 ～ 15:00（売切れ次第閉店）
定休日：日曜

AREA 四谷

四ツ谷一餅堂（ヨツヤイッピンドウ）

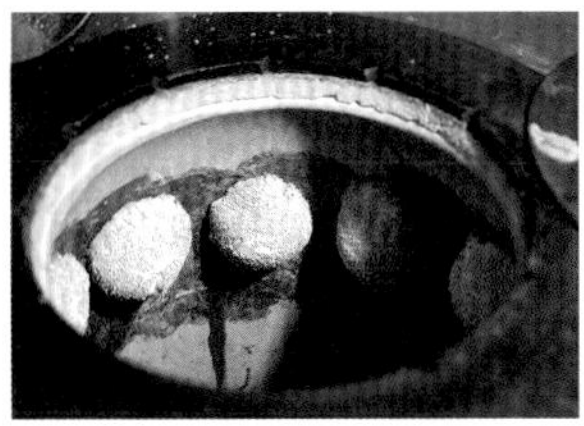

上・「焼餅たまごサンド」(330円)と「豆乳」(330円)の相性は抜群／下左・「胡椒餅」(495円)と「台湾冷茶」(550円〜)／下中・店内では台湾のFMラジオの生放送が。時報も現在の時間だ／下右・タンドール窯にペタッと貼りつけて焼く胡椒餅

特注タンドール窯で焼きたて熱々の胡椒餅

2020年10月にオープンした胡椒餅の専門店。早くも完売する日も多い人気店に。オーナーの浅古さんは胡椒餅が大好きで、台湾で食べ歩いた店は50軒以上。中でも嘉義にある胡椒餅のおいしさに感銘を受け、肉汁が控えめでコクがある胡椒餅を開発、日本での流通がないタンドール窯は特注で制作した。こちらの朝食メニューは、紅茶、コーヒー、黒糖、鹹豆漿と4種類の豆漿と、焼餅のサンドイッチが楽しめる。店内で焼きあげる熱々の焼餅にネギ入りの卵焼きをサンド、それに豆乳を組み合わせれば完璧だ。11時からは、胡椒餅の販売がスタート。焼きたてのおいしさは格別なのでぜひ試してみて。

住所：東京都新宿区四谷1-17-8
電話：03-5639-9292
営業時間：8:00〜18:00
定休日：日・月・木曜

AREA 恵比寿

京鼎樓（ジンディンロウ） 恵比寿本店（エビスホンテン）

1

2

3

4

5

6

7

1手前から左回りに「三色小籠包６個入り」（1,230円）。恵比寿本店限定メニューの「干し貝柱入り卵白炒め卵黄ソース」（1,600円）はフワフワの卵白を食べる料理。「焼売３種盛り６個入り」（1,230円） 2烏龍茶を皮に練り込んだ「烏龍小籠包」 3プレーンの小籠包「京鼎小籠包」 4ズワイガニの「蟹肉小籠包」 5オフホワイトで統一された店内 67ひだの数は18と決められている

トップ点心師、陳兄弟が織りなす美食の世界を東京でも

台湾で有名な点心師の陳兄弟の店、京鼎樓が日本に上陸したのは2005年。カジュアルダイニングの「京鼎樓」、ワンランク上のメニューを提供する「京鼎樓HANARE」、気軽に行けるフードコートの「京鼎樓小館」と、３つのブランドを立ち上げ、日本国内に18店舗を展開している。こちらの小籠包の皮は薄いのにコシが強いことが特徴。それにより具材そのものの味がよくわかり、食感も楽しい。独特な形が面白い焼売の皮には、具材のスープが練り込んであり、そのまま食べてもおいしい。点心のほか、一品料理にも力を入れていて、恵比寿本店だけのオリジナルメニューもある。

住所：東京都渋谷区恵比寿4-3-1
クイズ恵比寿2F
電話：03-5795-2255
営業時間：11:00～23:00
定休日：なし

AREA 日本橋

富錦樹台菜香檳（フージンツリー）

右上、中・店内のオブジェは台湾の気鋭アーティスト Lee Chi 氏が手がけた／右下・天気の良い日にはテラス席が心地よい／左・「水蓮菜と木の実の炒め」(S サイズ 1,080 円）と「台湾揚げ出し豆腐」(980 円)。グラスシャンパンは 1,480 円

シャンパンとともにいただく台湾料理

お酒と食事を一緒にする文化がない台湾の中で、お酒、とりわけシャンパンと共に楽しむ台湾料理を推奨して話題に。2018 年には台湾政府が勧める「必ず食べるべきグルメ 10 選」に選ばれた、台湾を代表するレストランだ。その日本 1 号店が、COREDO 室町テラスに 2018 年にオープン。誠品生活で台湾を感じながら、食事も合わせて楽しめるのだ。ビルの中にありながら、テラス席は広々と 40 席もあって、開放的な空間でゆっくりと食事ができる。料理は伝統的な台湾料理をベースに、新鮮な野菜やフルーツを取り入れた、ヘルシーでやさしい料理。シャンパンはグラスからボトルまで 21 種類を取り揃える。

住所：東京都中央区日本橋室町 3-2-1
COREDO 室町テラス 2F
電話：03-3262-5611
営業時間：11:00 ～ 23:00
定休日：施設の休館日に同じ

AREA 四谷

點水樓（ディエンシュイロウ） 四谷別館（ヨツヤベッカン）

豪華絢爛という言葉がふさわしい美食の数々。手前は「骨付き鶏もも肉の烏龍茶燻製焼」（1,650円）と「骨付きダックもも肉の甘辛煮」（1,650円）

特別な日に出かけたい高級点心の店

『台湾餐館評鑑』で五ツ星の最高評価を獲得した「點水樓」。日本では2018年に四谷店、2020年には新宿店がオープンした。石造りの店内、個室にはテーブルにナプキンが置かれるなど高級感があり、特別な日に利用したい素敵なお店だ。こちらの料理はおいしいのはもちろん、見た目がとても美しい。例えば、具材にトリュフ、エビや旬の野菜を使った七彩小籠包（2,420円）は、天然野菜の果汁で皮を色付けしている。小ぶりの小籠包は食べるのがもったいないほどだ。小籠包はオーダーが入ってから、皮を伸ばす。できたてのおいしさを大切にしているからテイクアウトは行っていない。ひだの数は19、透けるほど薄い皮が特徴で、新宿店には小籠包を見るためのランプシェードがあるというから面白い。點水樓のロゴはこの小籠包がモチーフ。店を象徴する名物料理だ。目にも美しい料理をぜひ味わってみよう。

1

2

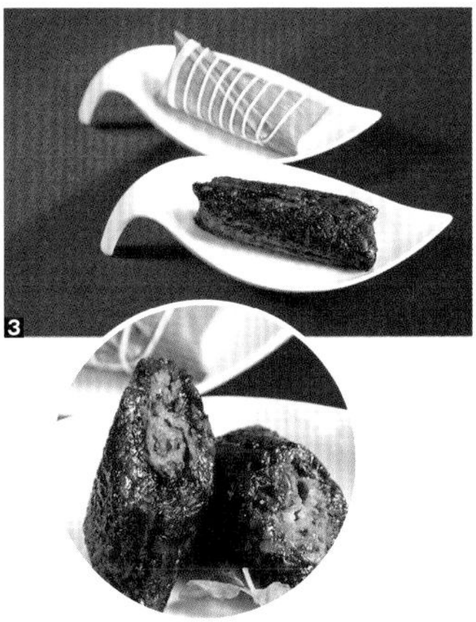

3

4

5

6

7

1ホロホロと口の中でほどけるやわらかな肉がのった「點水別館特製牛肉麺」（2,200円） **2**フカヒレ姿煮の「XOジャンチャーハン」（3,850円）はフカヒレが1枚ドン **3**あんこ入り「黒米湖州粽」。高級店が作ると、ちまきもこうなるのね **4**カラフルでかわいい点心。思わず写真を撮りたくなるほどキレイ **5**1階のメインフロア。目の前で点心を作るのが見られる **6**ちょっとオシャレして出かけたい **7**2階の個室でゆっくりと会食を

住所：東京都新宿区四谷3-13-23
電話：03-6709-9681
営業時間：11:30～14:30、17:30～22:30
定休日：なし

AREA 東京駅

ディンタイフォン
鼎泰豊
トウキョウエキヤエスグチテン
東京駅八重洲口店

世界的有名店の日本発のメニュー

本店を台湾に構え、世界各地で展開する「鼎泰豊」。台湾の点心師から継承された小籠包や点心は、どの店でも同じ味が食べられるよう技術を磨いている。美しく織られたひだの数は18、生地は5gで、さまざまな餡を練り込む。いちばん人気は定番の小籠包（4個616円）だが、海鮮もオススメ。カニやホタテが口いっぱいに広がって激ウマなのだ。さらに、あんこやマンゴー、紫芋などスイーツ系の小籠包も注目。これは変わり種などではなく、完全に温かいスイーツとして成立。メニューは台湾と同じだが、日本が開発して人気となり、台湾で新たに加えられたメニューがある。それは「えびと豚肉入り焼き餃子」だ。世界的有名店のメニューに、日本発のメニューが加わったと聞いてうれしくなった。

小籠包

ずわい蟹入り小籠包

ホタテ入り小籠包

辛子明太子入り小籠包

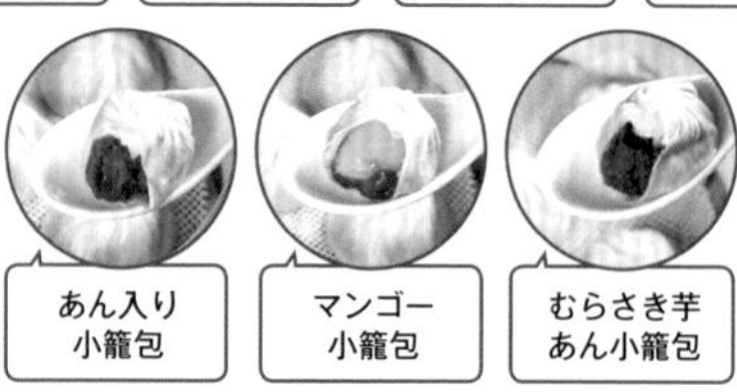

あん入り小籠包

マンゴー小籠包

むらさき芋あん小籠包

上・小籠包の定番メニューは全部で13種。「海鮮小籠包3種盛り」（1,364円）や「甘い小籠包3種盛り」（726円）がオススメ／下・座席数103と広い店内

入口すぐには点心を作る姿が確認できる

「えびと豚肉入り焼き餃子」（1,056円）。羽根付きで外はパリパリ、中はゴロリと大きめにカットされたエビと豚肉の旨みが最高だ

住所：東京都千代田区丸の内1-8-2
TEKKO avenue B1F
電話：03-6268-0098
営業時間：11:00～23:00、
土・日曜・祝日 11:00～21:00
定休日：施設の休館日に同じ

AREA 赤坂

三商巧福（サンショウコウフク）

女性にいちばん人気の薬膳塩牛肉麺

まん中にドンとあるのが「原汁牛肉麺」

屋台で人気の「QQ地瓜珠」(418円)。QQとはモチモチのこと。さつまいもにタピオカ粉を練り込んで揚げたお菓子。食感が面白くてハマる

１階が受付、地下と２階が飲食スペース

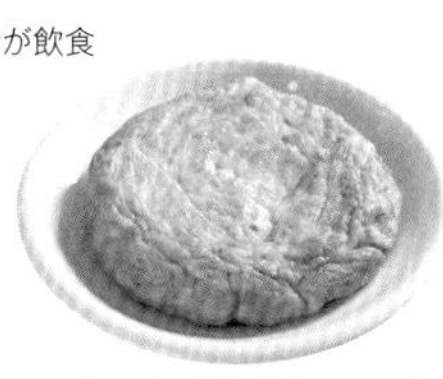

フカフカの「台湾オムレツ」(418円)

ファストフード感覚で気軽に牛肉麺を

台湾で知らない人はいないという150店舗を展開する牛肉麺のチェーン店、三商巧福が赤坂にやって来たのは2014年。冷菜は308円〜、小籠包は418円と安く、この立地でこの価格で大丈夫？ と心配になるくらいだ。こちらの名物はもちろん原汁牛肉麺(858円)。大きな肉は、アバラの近くの中落ちカルビを使用、箸で切れるほどやわらか。牛骨でダシをとり、醤油をベースに八角が香る期待通りの牛肉麺だ。牛肉麺は全部で７種類あるが、オススメは薬膳塩牛肉麺（913円)。八角やトウキなどの７種類の漢方をブレンドした薬膳スープは、まろやかな塩味で美味。ほかにも切り干し大根の入った台湾オムレツや大根もちなどつまみも豊富。ランチに、仕事帰りの一杯にと気軽に行ける庶民の味方！

住所：東京都港区赤坂 3-12-11
電話：03-3588-8733
営業時間：11:00 〜 23:00
定休日：なし

おかかキッチン

スパイス香るこだわりの魯肉飯

2021年1月にオープンしたばかりの魯肉飯のキッチンカー。オーナーのおかかさんは、台湾が大好きで毎年渡航。日本で食べる魯肉飯が何か台湾と違うと感じ、自分の理想の魯肉飯作りを始めた。1年半かけて試作に取り組み、ようやく完成。八角や桂皮、カルダモンなど14種類のスパイスで、弱火でじっくり煮込んだ、やわらかな肉が絶品と早くも人気店に。世田谷区東玉川や国際フォーラム、渋谷などで活動中だ。

台湾のテイクアウト同様のびのびパックに入れてくれるよ

出店場所のスケジュールはTwitterでチェック

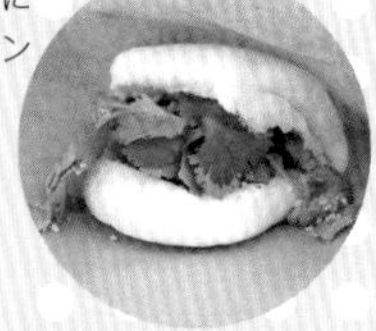

無添加のパンに挟んだ魯肉パン 450円

炒めた高菜がアクセントの魯肉飯 750円

台湾料理のキッチンカーも続々

台湾佐記麺線一號車

（タイワンサキメンセンイチゴウシャ）

専門店の麺線をキッチンカーで

西新宿に店を構える台湾佐記麺線（p.55）では、もっと麺線を世の中に広めたいとキッチンカーでも営業している。店同様、豚の大腸や海鮮の具だくさんの麺線が味わえる。サイズはレギュラー(小)、ダーワン(中)、チャオダー(大)の3種類。ほかに魯肉飯や、台湾おにぎりも販売。台湾おにぎりの具材は、肉燥や高菜が入ってボリューム感たっぷり。大手町や五反田、向ヶ丘遊園などで活動中。

上・パクチーたっぷりの熱々とろみの麺は500円〜
下・台湾おにぎりは200円

出店場所のスケジュールはTwitterでチェック

Chapter 2

逛街購物

日本の台湾を歩く

こんなに近くにあった台湾を感じる場所

ショッピングから台湾寺院まで

「街の台湾料理店は目につくものの、それ以外に台湾を感じるものなんてあるの？」とお思いの読者も多いはず。それが探してみると、意外にも結構あるのだ。かわいい雑貨店では、台湾で人気の最新のグッズやこだわりのアイテムがずらり。台湾食材が買える店では、缶詰や調味料はもちろん、新鮮な生野菜まで購入できる。そして台湾寺院では、お参りの「拜拜(バイバイ)」をしたりおみくじが引け、台湾とまったく同じような体験ができる。横浜中華街では現在台湾旋風が巻き起こっていて、歩くだけでも、台湾気分を味わえる。ここが日本であることをしばし忘れてしまう、楽しい台湾散歩に出かけてみよう。

東京媽祖廟建
歲次庚子年

AREA 大久保

東京媽祖廟（トウキョウマソビョウ）

ボエと呼ばれる半月型の
木を投げて占いをする

上・大久保駅前に突如現れる台湾寺院／下左・媽祖様に願い事を聞いてみよう
下中・まずは線香でお祈り／下右・台湾式おみくじが引ける

大久保駅から徒歩１分の台湾寺院

JR 大久保駅南口を降りて斜めにのびる小道を歩くと、すぐに目に飛び込んでくる真っ赤な建物。絢爛豪華に装飾が施された４階建てのビルは、海の守護神「媽祖」を祀る台湾寺院だ。ぐるりと海に囲まれた台湾では、海の女神媽祖への信仰が厚く、信徒数はおよそ1500万人にのぼるという。日本の台湾華僑の悲願だった媽祖廟は、2013年に建立された。信徒のみならず誰でも気軽に行ける観光スポットとして人気で、バスツアーの行程にも入っている。各フロアには月下老人や観音などの神がいて、３階には３体の媽祖が鎮座している。台湾式「拝拝（バイバイ）」をしたり、おみくじも引けるので、願い事を聞いてみよう。

住所：東京都新宿区百人町 1-24-12
電話：03-5348-5220
参拝時間：9:00 ～ 17:00
拝観料：なし

AREA 大宮

武蔵一宮 氷川神社（ムサシイチノミヤ ヒカワジンジャ）

上・本殿につながる桜門の檜も阿里山のもの／下左・舞殿を取り囲むように立つ楠も阿里山から／下中・日本一長い参道がある神社としても有名な氷川神社／下右・残念ながら現在は修復中でその勇姿は見られなかったが、明治神宮から譲受された二の鳥居

阿里山から切り出した檜の鳥居と神殿

創建は第5代天皇の孝昭天皇時代と言われ、2,000年以上の歴史を誇る氷川神社。台湾とはどんな関係があるのか。話は大正時代、1920年に遡る。明治神社を建立するにあたり大きな檜が必要だったが、国内には江戸の大火などの建設後で見つからなかった。困った政府は、当時日本統治下であった台湾の阿里山の檜に目をつけ輸送したのだった。そうして無事に完成したが、1966年の雷によりヒビが入ってしまった。朱を塗らず白木で使用する明治神宮の鳥居は、新たに作り直すことに。すると朱色の氷川神社は、ヒビを埋めて塗り直せば使用できると、譲渡されたのだ。その阿里山の檜は、現在でも二の鳥居に使用されている。また、1937年に本殿の建て替え時にも阿里山の檜を使用している。

住所：埼玉県さいたま市大宮区高鼻町1-407
電話：048-641-0137
参拝時間：9:00～17:00
定休日：なし　拝観料：なし

効率的でラクラク！ 台湾バスツアーに参加してみた

この日のツアーガイドは
梁（リョウ） 婉菁（エンセイ）さん

効率良く日本の中の台湾をめぐるツアー

台湾創業の旅行会社のKKdayが催行する、国内の台湾名所を巡る「日本で台湾気分」ツアーが好評と聞き、早速体験することに。行ってきたのは半日の東京日帰りツアーと、東京から埼玉県までをまわる1日のツアー。集合は新宿、ガイドを務めるのは台湾人スタッフだ。バスに乗り日本語で、ツアーの詳細や見どころについて解説。台湾人なので、日本語のイントネーションが違ったりするが、それがまたいい！ バスの中で聞くカタコトは、まるで台湾でバスツアーに参加しているような気分にさせてくれるのだ。オススメの飲食店や、台湾の観光スポットや文化なども紹介。移動中も楽しめるバスツアーなのだ。

ケイケイデイ
KKday

住所：東京都千代田区丸の内1-6-5
丸の内北口ビルディング9F
https://www.kkday.com
※ツアー料金は時期によって変動、詳しくはHPで確認を

日本で台湾気分！ 東京日帰りツアー

東京媽祖廟・台湾式アフタヌーンティー・台湾料理ランチ

11時に新宿西口で集合し、バスに乗り込むとすぐに最初の訪問地東京媽祖廟（p.84）へ。ここで参拝の仕方を教わり自由行動に。都内でこんなに大きな台湾寺院があったのかと皆感動。その後大森方面へ移動して昼食に。魯肉飯を中心に小籠包のついたセットを満喫。午後は誠品生活日本橋（p.8）で、台湾式アフタヌーンティー体験。5時間半でギュッと見どころを効率良くまわれて大満足。

所要時間
約5時間半
5,999円～

11:10 東京媽祖廟 台湾寺院を参拝、媽祖様にご対面。おみくじ引いた

12:30 台湾レストラン 魯肉飯セットに台湾ビールもついて気分は最高

14:00 誠品生活日本橋 王德傳で茶師が淹れる阿里山烏龍茶を堪能

日本で台湾気分！ 埼玉・東京日帰りツアー

五千頭の龍が昇る聖天宮・點水樓・小江戸川越・氷川神社

今度は長めのツアーに参加してみる。9時50分に新宿集合し最初の目的地は五千頭の龍が昇る聖天宮(p.138)を拝観。ここは車でのアクセスが必須だから、バスで行けるのがありがたい。たっぷり1時間滞在したら、川越で小江戸観光。その後は大宮の氷川神社(p.85)へ。台湾阿里山からの檜で造られた大きな鳥居や本殿を見学。最後は台湾料理の高級店點水樓(p.76)で、小籠包を堪能。この移動距離に高級店での夕食付きとは、絶対おトク！

所要時間
約9時間
9,900円～

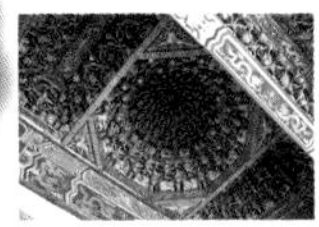

11:10 五千頭の龍が昇る聖天宮 豪華絢爛、荘厳な龍の装飾に感動！

12:30 小江戸川越散策 台湾とは関係ないけど川越はいつでも楽しい

15:10 武蔵一宮氷川神社 阿里山から輸送されたの檜や楠などを見学

17:40 點水樓 台湾のミシュランでビブグルマンを獲得したおいしい小籠包

AREA 下北沢

大浪漫商店

ダイロマンショウテン

台湾の若者に人気の「PAR STORE」のTシャツ(4,500円)

大浪漫商店のオリジナルTシャツ(3,300円)

❶ CDを中心に、台湾の最新の楽曲を販売。気になる楽曲は視聴もできる ❷自家製の魯肉飯（800円）も販売。意外にも本格的な味で旨い ❸こちらはカセットテープ。「今の時代にテープ？」と言うなかれ。結構若者にはレトロ新しいと、これが受けているらしい ❹思わずジャケ買いしそうな魅力的なイラスト ❺台湾の新世代ラッパーで台湾グラミー受賞する「Leo王（リオ・ワン）」の7インチレコードも

ランチがてらフラリと寄りたい

台湾の最新音楽シーンをチェック！

南青山にあるライブハウス「青山月見ル君想フ」のオーナーの寺尾ブッタさんが手がけた、台湾の音楽レーベル、ビッグロマンティックのショップ。寺尾さんはいち早く台湾の音楽に注目。1年のうち半年は台湾で過ごし、流行りの最前線を時差なく伝えたいとレーベルを立ち上げ、ショップをオープンさせた。ここではレーベルで制作したCDや、台湾で人気のブランド「PAR STORE」のグッズなど、日本では入手困難なアイテムが購入できる。また、飲食もカルチャーのひとつと、店頭では魯肉飯や台湾クラフトビールを販売。台湾の音楽シーンをチェックしながら、カフェスタンドでひと休みしよう。

住所：東京都世田谷区代田 2-36-14
下北沢 BONUS TRACK 内
電話：非公開
営業時間：11:00 〜 23:00　定休日：なし

AREA 小金井

Good Taiwan（グッドタイワン）

1

2

3

4

5

1 2いちばん人気はこのキャットショルダー（29,700円～）。好みで生地が選べる　3バッグ型や手帳タイプなど、いろんなデザインが可能のスマホホルダーは5,000円～　4たまらなくかわいいがま口バッグは27,500円～　5猫型台湾花柄の巾着かごバッグは35,200円～

世界にひとつだけのハンドメイドバッグ

台湾の雑貨とオリジナル商品を販売するアトリエショップは、週のうち日・月・火曜の3日間だけオープン。オーナーの夏さんは高雄出身のアーティストで、ビッグサイトのデザインフェスタや個展などで作品を発表するデザイナーだ。夏さんが作り出す可憐でかわいらしい作品には、耳や形に猫が隠れていて、どこかレトロな作品が人気となっている。客家花布や台湾花生地などを使い、バッグやポーチ、スマホカバーなど、好み通りにオーダーもできる。制作期間はものによって異なるが1週間から1か月ほど。形と布を選んで、ポケットや金具など好きなようにアレンジ可能。申し込みは店頭のほか、インターネットでもできる。

住所：東京都小金井市本町5-36-16
電話：非公開
営業時間：11:00～20:00
定休日：水・木・金・土曜

AREA 阿佐ケ谷

birkahve

ビルカーベ

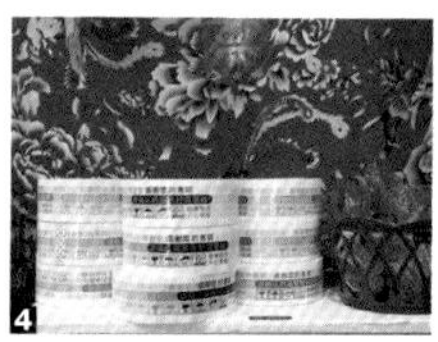

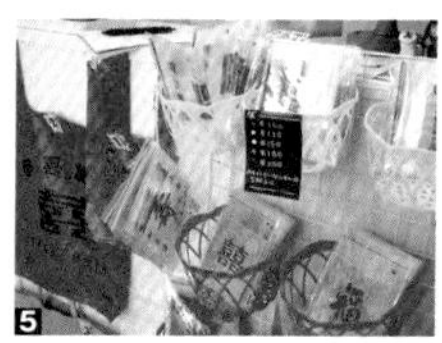

❶こじんまりとしたかわいい店内。商品は売切れ御免なので、気に入ったアイテムがあれば即買いしたい ❷金門島のノート（200円～）。初めて見た ❸100年前の台湾のマジョリカタイル（5,500円～） ❹中国の梱包テープ。ちょっとかわいい ❺中国語が書かれたビニール袋（100円～）

マニアックな品揃えのかわいい雑貨店

この店のラインナップは楽しい。なぜならほかの店ではお目にかかれないグッズが売られているからだ。一見かわいい普通の雑貨店に見えるが、よく見ると中国の梱包テープやビニール袋、金門島の小学生が使う学習ノートなど、マニアックなものも売られている。オーナーの清水さんはもともと旅が大好きで、いろんな国の日用品を集める収集家。そのためか、独特な楽しい商品に出会える。雑貨は中国を中心に、台湾、マレーシアのものも。アイテムは靴下から食器、カンフーパンツやワンピースと幅広い。テーマはアンティークやヴィンテージもので、センスがキラリと光るレトロ調のグッズがいっぱいだ。ぜひチェックしてほしい。

住所：東京都杉並区阿佐谷北2-10-12
電話：050-7130-3269
営業時間：12:00 ～ 18:00
定休日：不定休

AREA 向ヶ丘遊園

台湾小集（タイワンショウシュウ）

台湾小集ネットショップで1週間に2,000個も売れるというパイナップルケーキ（8個入り1,480円）

もらったらうれしい青葉の魯肉飯の缶詰（460円）

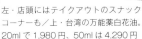

左・店頭にはテイクアウトのスナックコーナーも／上・台湾の万能薬白花油。20mlで1,980円、50mlは4,290円

京都念慈菴の漢方の喉飴（1,078円）はかわいいパッケージで人気

芯まで食べられる台湾産パイナップルをドライフルーツに（650円）

掘り出し物が見つかる台湾食材店

1998年に中華食材のネットショップをオープン。通販の老舗ショップの実店舗は、小田急線の向ヶ丘遊園駅前にある。一般的に中華食材の店は、中国の商品をメインに売る店が多いが、この店が扱う商品は店名通り100％台湾のもの。「店のテーマは、“おうちで楽に台湾を”がコンセプトなんです」と語る店長の永田さん。大きな冷凍庫には、ちまき、水餃子、小貢丸（ゴンワン）、葱油餅（ツォンヨゥピン）などと、冷凍食品の品揃えが豊富。ほかに缶詰や調味料、乾物やお菓子などがぎっしりと棚に並べられる。永田さんはとっても気さくで、商品の説明や相談に乗ってくれるので、ついつい楽しくなっちゃう。近くに行ったらぜひ寄りたい店だ。

住所：神奈川県川崎市多摩区登戸2692-3
電話：080-5988-1818
営業時間：10:30〜20:00
定休日：不定休

AREA 池袋

海羽日光（カイバニッコウ）

1 2階の調味料の売場。所狭しと食材が並べられている **2** この日の生野菜（250円～）は10種類。これだけの品揃えはなかなかない **3** 臭豆腐（380円）が家庭でも食べられる **4** 発酵白菜（480円）も。家で鍋をしようかなと想像が膨らむ

壁一面は冷凍食品のコーナー。人気の葱油餅（ツォンヨゥピン）はメーカーもさまざまに種類が豊富

湯圓（タンユェン）などのスイーツ系の冷凍食品も

冷凍食品から生野菜まで揃う食材店

最近はリトルチャイナタウンの呼び声高い、池袋駅の北口エリア。ここには中華食材を販売する店が数軒あるが、中でもオススメなのは海羽日光だ。店はビルの2階と3階にあり、たくさんの中国と台湾の食材を扱っている。店内は中国語が飛び交い、活気があって、まるで現地にいるかのような雰囲気。外階段を上がって2階へ行くと調味料やお茶、乾物など、中階段で3階へ上ると冷凍食品と肉や野菜を販売している。こちらでは日本ではめずらしい、龍髭菜（ロンシーサイ）、紅覚菜（コウサイタイ）などの生の中華野菜が買えるのだ。ほかにも臭豆腐や発酵白菜などもあるので、家で本格的な台湾料理も作れそう。一度チェックしておきたい食材店だ。

住所：東京都豊島区西池袋1-37-2 竜崎ビル
電話：03-3988-0575
営業時間：11:00～22:00
定休日：なし

AREA 横浜中華街

耀盛號（ヨウセイゴウ）

善隣門近くの長安道にあるので入りやすい

今台湾でイチ押しのかわいいパッケージで人気のハーバルキャンディ。あまりのかわいさにジャケ買いする人続出

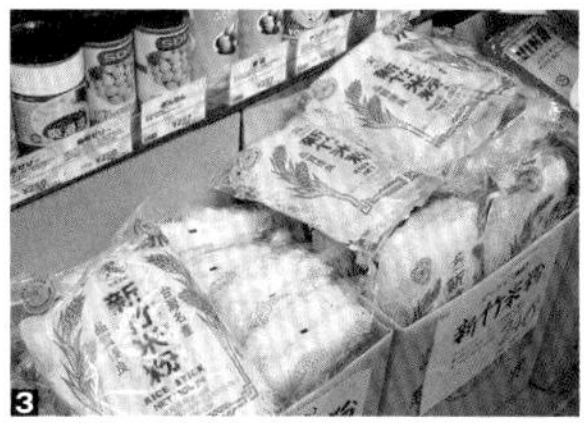

1 昔ながらの味で人気の台湾の蘋果西打（アップルサイダー）は130円。安い！ **2** 店頭で蒸しあげる大きな豚まんは220円と激安 **3** 台湾でおなじみの新竹米粉（237円～） **4** 台湾のドリンクやスイーツ缶詰も **5** 沖縄の豆腐ようのような発酵食品の台湾豆腐乳

品揃えと安さでプロの職人も御用達

創業は1946年、横浜中華街の中でいちばん古い中華食材店。店頭には600、倉庫には2,000種類を揃え、ここに来ればとりあえず食材の悩みは解決できると、料理人にも一目おかれる店だ。中国の中華食品がメインだが、台湾の調味料や食材、ドリンク、お菓子、水餃子などの冷凍食品もあるのでチェックしてみよう。また、店内には、販売商品で作る持ち帰り可能なレシピもあるので、参考にできる。店頭では肉まんなど食べ歩きにぴったりな点心も販売。いちばん人気は小さなハリネズミの姿でカスタードクリーム入りのハリネズミまんで、多い時には1,000個も売れるという。中華街の散歩の際にぜひ寄ってみてほしいオススメの食材店。

住所：神奈川県横浜市中区山下町143
電話：045-681-2242
営業時間：10:00～21:00
定休日：第3火曜

横浜中華街で台湾探し

横浜中華街に旋風を巻き起こす台湾ブーム

中国伝統建築様式の門「牌楼（パイロウ）」に囲まれた約500m四方のエリアに、およそ600以上の料理や食品、カフェなどがひしめく横浜中華街。通りを歩けば、派手な看板や食べ歩きスナックが売られる楽しい観光スポットだ。そんな中華街では、今台湾の勢力が急伸している。歩いて調べた結果、台湾関連の飲食店や食材、ドリンクを売る店が50店舗以上あったのだ。食べ歩きスナック系では、タピオカドリンクを中心としたドリンクスタンド、大きな鶏の唐揚げの鶏排（ジーパイ）などの店が続々オープン。マンゴーやフルーツたっぷりの台湾かき氷を売る店も。台湾茶の専門店、台湾菓子専門店、食材店でも台湾の調味料などが揃う。飲食店では台湾ちまきの専門店や家庭料理、薬膳、そして素食まで楽しめる。台南の大天后宮から分霊された横浜媽祖廟をスタートして、ぐるりと散歩してみよう。

横濱媽祖廟

横濱
媽祖廟

AREA
横浜中華街

横濱媽祖廟（ヨコハママソビョウ）

横浜中華街の台湾散歩はここから

朱雀門にほど近い場所にある横浜媽祖廟は、横浜開港150年を迎えた2006年に開廟。ここは海の航海や安全を守る女神の媽祖を祀った廟だ。媽祖は、中国や台湾、世界の華僑たちに厚く信仰されている神様。「玉皇大帝」「天公」とも呼ばれ、最高神とされている。女神・媽祖は、960年中国の王朝「宋」の時代に実在した人物で、悪や災いをしりぞけ病を癒すなど神通力に優れていた。28歳で生涯を終えたが、その時に赤い衣装で海上を舞い、難民を救助する姿が見られたという言い伝えから、人々は廟を建てて護国救民の神様として祀るように。それ以降世界中で媽祖廟が建てられ、日本にも20か所の媽祖を祀る神社仏閣が現存するのだ。

横浜媽祖廟の建立には、その信仰を裏付けるような出来事がある。清国領事館だったこの場所は、大手の建設会社がマンションの建設を発表していたが、中華街発展会協同組合が街づくりの観点から建設に反対。かねてから願っていた媽祖廟を建立したいと、土地を買い取ったのだ。そうして地元の厚い支持にさせられ建立に至ったが、総工費は土地代も含めて18億円というからなんともスケールが大きい話だ。

本殿に鎮座する媽祖は、中国福建省で造られた御神体に、台湾の台南市の大天后宮から魂を分霊されたもの。こちらの参拝の仕方は、5つの香炉を順番に巡り、線香を供えてお祈りする。本殿では願い事を神様に伝えておみくじを引く「拝拝」もできる。ほかにも4人の神様がいて、観光客に人気が高いのは、恋愛の神様の月下老人だ。横浜中華街のパワースポット、横浜媽祖廟。まずはこちらで参拝してから、台湾散歩に出かけてみよう。

1 中国式の伝統的な建築美に圧倒される　2 本殿の見事な天井部分　3 中央に鎮座するのが媽祖　4 願い事を伝えてくじを引く　5 3回ポエを投げてOKが出たらおみくじがもらえる

住所：神奈川県横浜市中区山下町136
電話：045-681-0909
開門時間：9:00～19:00
休館日：なし

AREA
横浜中華街

悟空茶荘（ゴクウチャソウ）

上・お茶と茶器の販売フロア
下左・手頃な価格から揃う茶器
下右・台湾茶のコーナー

広い店内でお茶選びとカフェでひと息

今年創立40周年を迎えた老舗の中国茶と茶器の専門店。1階は茶葉と茶器の販売フロア、2階は茶館となっている。取り扱うのはおもに中国茶で、その種類は100を超える。「台湾散歩なのに中国茶？」というなかれ。もちろん台湾茶のコーナーもあるが、こちらが素晴らしいのは、なんと言っても茶器の種類が多いこと。お茶を始めるにはまずは道具が必要だ。販売フロアには、茶葉と茶器がずらりと並ぶ。道具ごとに棚に陳列され、茶壺や茶海、茶杯に聞香杯、さらに茶巾まで。ひとつひとつの道具が、数種類ずつ置かれていて、好みや予算によって選ぶことができる。しかも価格が安いのだ。例えば聞香杯は110円～、茶缶は242円～、茶壺は550円～。これからお茶を始めてみようと思っているなら、ここなら手頃な価格で始められるのだ。もちろん高級茶器も取り揃えているので、いろいろなニーズに応えてくれる。

そしてここへ来たならば、ぜひ2階の茶館でお茶を楽しんでほしい。茶藝館スタイルの工夫茶とお茶菓子が楽しめるのだ。台湾茶は東方美人茶、凍頂烏龍茶、阿里山高山金萱茶、四季春茶の4種類から選べる。店内は広く、アンティークの家具がとっても素敵で雰囲気が抜群にいい。できれば窓側に座りたい。眼下に見える中華街の路地裏は、異国情緒たっぷりだ。テーブルには各自ポットが用意され、自分のペースでゆったりと過ごせる。中華街の散策に疲れたら、おいしいお茶で癒されたい。

一煎めはスタッフが淹れてくれて、後は自分で。5、6煎まではおいしく飲めるとのこと。「阿里山高山金萱茶」(1,210円)

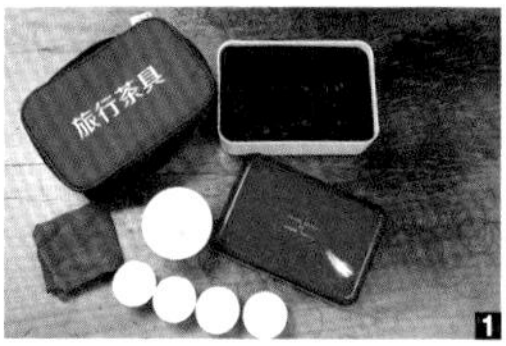

1旅行に持って行ける茶器セットは2,750円 2茶こし一体型の便利なボトルの老板杯(ラオバンペイ) 3とってもかわいい金魚の絵が描かれた蓋碗 4いくつもほしくなるカラフルな茶缶は大880円、小770円

テーブルは元マージャン卓。アンティークな家具がオシャレ

住所：神奈川県横浜市中区山下町130　電話：045-681-7776
営業時間：1F販売11:00～20:00、土曜11:00～21:00、日曜10:30～20:00、2F茶館11:30～20:00、土曜11:30～21:00、日曜11:00～20:00
定休日：第3火曜

台南小路

AREA ● 横浜中華街

福楼（フクロウ）

まるで台湾の路地裏にワクワク

中華街の市場通りと香港路をつなぐ路地裏の小径には、台湾の旗と提灯が揺らめき、台湾の路地裏のような風景がある。日が落ちると灯りがともり、台湾の夜市のような楽しい賑やかな通りに。提灯には台南小路と書かれ、雰囲気の良さから、コスプレイヤーも訪れるフォトスポットになっている。これ実は、台湾家庭料理の福楼の店主商さんが作ったもの。この通りにある「你好」と向かい合う「福楼」は、商さんが経営する店。店前を賑やかにしようと、店と店をつなぐように台湾の旗を張り巡らせたのだ。提灯に書かれた台南小路の文字は、商さんの故郷の台南にちなんだもの。商さんが勝手に命名した通り名は、今やガイドブックにも記載される人気スポットになった。

「福楼」の向かいの「你好」がオープンしたのは1995年。当時はカレーや寿司を出す店だったが、10年が経つと自身の経験を活かした台湾料理で勝負しようと決意。台湾の屋台をイメージしたかわいい店と、おいしい料理が評判となり店を拡大、「福楼」をオープンさせた。そして前出の通り店前を飾ったところ、路地裏の人気店になったのだ。

台南の家庭料理と屋台料理を中心にメニューは200種類を超える。これは「リピーターが多く、いつも満足してもらいたいと、いろんな料理を提供し続けた結果、どんどんメニューが増えていった」と語る商さん。どれを食べるか迷うほど充実しているが、迷うのも楽しい時間。小吃やハーフサイズもあるので、一度にいろいろ注文してみよう。店の雰囲気も相まって、本当に台湾にいるような気分になれる店だ。

上・台湾から取り寄せている「臭豆腐」(630円)。揚げてあるので臭みは少なくマイルド／下左・台湾の屋台をイメージして作られた店内／下右・甘いマヨネーズでいただく筍のサラダの「冷筍」(1,260円)

住所：神奈川県横浜市中区山下町137-26
電話：045-651-2962
営業時間：11:00～22:00
定休日：なし

AREA 横浜中華街

茂園（モエン）・台湾美食（タイワンビショク）

台湾の伝統的なお菓子が揃う

中区に工場を構え、伊勢佐木町で台湾菓子を販売する茂園が、2016年に中華街にオープン。無添加の手づくりの菓子を常時20種類販売している。定番人気のパイナップルケーキから、塩漬けのアヒルの卵黄を丸ごと入れた蛋黄酥（ダンファンス）、サクサクパイの太陽餅（タイヤンピン）まで、ほかではお目にかかれないラインナップだ。ここのお菓子は甘さ控えめで、どれもおいしい。オススメは椰子月餅で、薄い皮にぎっしり入ったココナッツが、ダイレクトに感じられて口いっぱいに広がる。さらに注目はヌガー。通常水あめで作るヌガーは、歯にくっつくのが難点だが、ここのヌガーはそれがまったくない。不思議だ。

上・ひとつ180円からと手頃な価格
下・茂園人気ベスト3。手前から時計回りにパイナップルケーキ（260円）、紫芋に餅入りの紫芋餅（280円）、蛋黄酥

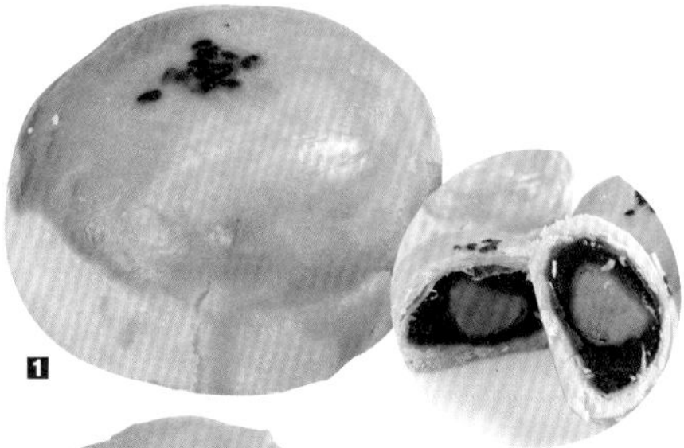
1

2

3

4

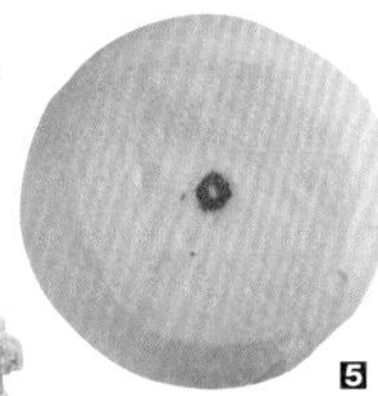
5

6

7

1蛋黄酥（280円） 2太陽餅（250円） 3黒餡に塩漬卵が2個入る双蛋黄月餅（650円） 4椰子月餅（220円） 5緑豆餡入りのパイ緑豆椪（350円）

6台湾ヌガー（180円）
7ココナッツ餡とレーズンの椰子番餅（300円）

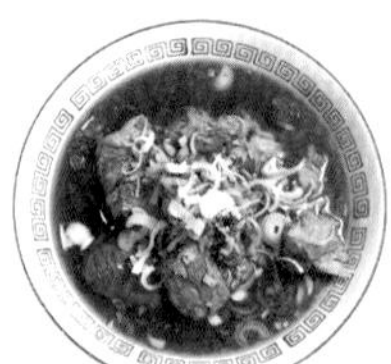

菓子コーナーの奥には台湾料理店「台湾美食」が。牛肉麺の旨さにビックリ！

住所：神奈川県横浜市中区山下町220
電話：045-663-0901
営業時間：11:00～15:00、17:00～21:00、
土・日曜・祝日 11:00～21:00
定休日：なし

AREA 横浜中華街

好記園（コウキエン）

「ヘルシーセット」(1,580円)は4つの素食のおかずに、ライス、スープ、デザート付きでお得

素食で大活躍する大豆ミート。これがあんなにおいしい料理になるとは

進化する台湾素食を体感！

横浜媽祖廟の近くにある好記園は、台湾料理と素食が食べられる店。全メニュー160品のうち、素食は55品と種類豊富だ。こちらで使う肉や魚の代替は、大豆ミートを使用している。今の大豆ミートは進化していて、魚やエビの食感までを再現、ベジ鯖、ベジエビとなんていうメニューもあるのだ。ひと口目は確かにサバの身のほぐれ方に似ていて驚く。食べ進めると大豆の味がわかるが、料理自体がおいしいので、大豆と認識してもまったく問題なしだ。しかし､食べ進めても違いが少ないのは酢豚｡大豆ミートを肉同様に調理した甘酸っぱい王道の味なので、言われなければ気がつかない可能性も。ボリュームたっぷりで「素食」というイメージは皆無。次回は肉と素食の酢豚を並べて食べてみたいと思う。

上・見た目はまったく変わらない素食の酢豚
下・清潔感のある店内

住所：神奈川県横浜市中区山下町 106
電話：050-5868-5801
営業時間：11:00 ～ 15:00、16:30 ～ 23:00
土・日曜・祝日 11:00 ～ 23:00
定休日：なし

AREA
横浜中華街

ちまき屋（ヤ）

3か月待ちの人気のちまき

上海路から１本入った小径の路地裏、民家の中にあるちまき屋。ネット予約で１日の販売分が完売するという人気店だ。テイクアウトの店頭販売のみで、持ち帰って家で温めていただく。こちらのちまきは、オーナーの母親の故郷、高雄の味を再現しているのだとか。調味料なども現地から仕入れ、甘みを抑えた醤油ベースで上品な味わい。中は豚肉と椎茸など具だくさん。いきなり行ってもほぼ購入できないので、予約をするのがベター。

１個200gの「ちまき」は、あっさりとした薄口。醤油ベースで煮込んだ具材が旨い（店頭販売600円、ネット販売は560円）

住所：神奈川県横浜市中区山下町186
電話：045-264-8528
営業時間：11:00 ～ 18:00
定休日：月曜

AREA
横浜中華街

民生炒飯（ミンセイチャーハン）

台湾で人気の炒飯が横浜に上陸

台湾のネット投票で１位を獲得したこともある人気の炒飯専門店が、2019年に横浜中華街にオープン、本場のパラパラ炒飯が日本でも味わえるように。民生炒飯の基本は卵炒飯で、これにいろいろな具材を入れていく。このおいしいベースを作るため、台湾の民生炒飯で修行し台湾直伝の味を提供している。ここの炒飯は本当にパラパラで、これぞ炒飯の王道というべき味で食べ応えも十分だ。

台湾パイナップルと肉鬆（ローソン）がたっぷりの「鳳梨炒飯」（1,200円）

上・肉のボリュームがスゴイ「牛肉炒飯」（1,000円）／左・台湾ソーセージが入った「香腸炒飯」（950円）

住所：神奈川県横浜市中区山下町126-8
電話：080-3126-2746
営業時間：11:00 ～ 15:00、17:00 ～ 19:00
定休日：火曜・第２水曜

AREA 横浜中華街

MeetFresh 鮮芋仙

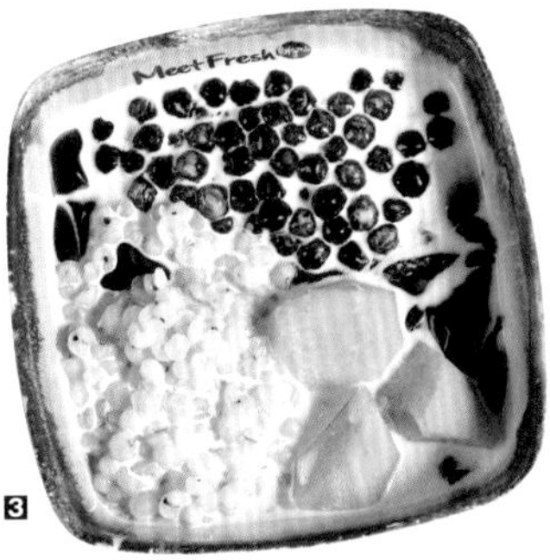

1「杏仁パイナップルフローズンスムージー」(770円) 2 ここでしか食べられない「豆花スペシャル」(Mサイズ550円) 3「仙草2号」のLサイズ(880円)のボリューム感は見事 4 席数は54席と広い店内。中華街散歩でひと息入れたいときに 5 茶缶や漁師網バッグなど小物、カラフルなソファの色合いで楽しくなる店内

世界的ブランドのスイーツ店

芋園(ユーエン)、仙草(センソウ)、豆花(トウファ)を使ったスイーツのMeetFresh 鮮芋仙は、世界各国に800店舗、日本では8店舗展開する大人気ブランド。厳選した自然食材を使い、すべての商品を台湾のレシピとまったく同じ製法で手作りするなど、こだわりをみせる。店頭でその日の分だけを作る、鮮度の高さも人気の秘訣だ。こちらの芋圓はモチモチと弾力があって楽しく、仙草は苦味が少なくて食べやすい。横浜中華街店では、人気ベスト3の豆花、芋圓、タピオカで構成する限定メニューの豆花スペシャルが食べられる。雑貨などをディスプレイした装飾もかわいらしくて、広い店内で台湾を存分に満喫できる。

住所：神奈川県横浜市中区山下町143
電話：045-681-2242
営業時間：10:00～21:00
定休日：なし

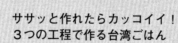

耀盛號店長が
教えてくれる
簡単台湾ごはんレシピ

ササッと作れたらカッコイイ！
３つの工程で作る台湾ごはん

＼使ったのはコレ／

いつも行くスーパーにはない品揃えの中華食材店に行くと、パッケージを見ているだけでもワクワクして楽しい。でも実際購入するとなると、どれを買えば良いか見当もつかない。本当は調味料をいろいろ揃えて、本格料理に挑戦してみたい。そんな相談を引き受けてくれたのは、横浜中華街の老舗中華食材店の「耀盛號」(p.93) の店長、加藤さんだ。私が全幅の信頼を寄せる、中華食材のエキスパート。そんな加藤さんに、初めてでも簡単に作れる台湾ごはんのレシピを聞いてみた。

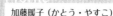

Profile

加藤暖子（かとう・やすこ）

「耀盛號」勤続年数 24 年の大ベテランで、流暢な中国語を話す。趣味は料理とアジア旅行。これまでに出かけた国は、中国、台湾、タイ、インド、ラオス、カンボジア、ネパール、ミャンマー、ブータンなど多数。

サラダチキンで作る鶏ご飯
鶏絲飯（ジースーファン）

作り方

1 サラダチキンはパックのまま室温に戻しておく。300mlの湯に、ネギの青い部分と薄切りの生姜を入れて、弱火で2分沸かしたら火を止める。

2 手で半分に割いたサラダチキンを、パックの煮汁ごと入れ、白こしょうをふる。蒸魚豉油、鍋の湯、ネギ油を2：2：1の割合で混ぜてタレを作る。

3 少し冷めたらサラダチキンを湯からあげ、手でなるべく細く割いてご飯の上に盛り付ける。刻んだネギと生姜をのせて、タレをかければ完成。

ネギ油
蒸魚豉油（チュンユイシーヤウ）

材料（約2人分）

サラダチキン（プレーン）：1パック、湯：300ml、長ネギ：青い部分10～15cm 、生姜薄切り：2～3枚、ご飯：2膳分、蒸魚豉油：大さじ2 、ネギ油：大さじ1 、白こしょう：少々、青ネギ・生姜：好みの量

ほんのひと手間で
しっとり食感。
ネギと生姜香る
鶏絲飯に

豚肉に椎茸が香る混ぜご飯
油飯（ヨウファン）

ポイントは
炊飯時の水の量！
米がやっとかぶるくらいの
少なめでOK

材料（約3～4人分）

もち米:2合（300g）、水（炊飯用）:200ml、豚バラ肉：200g 、干し椎茸：3～4枚 蝦米（干しエビ）：大さじ2、五香粉：小さじ1、油葱酥：大さじ2、海鮮醤油：大さじ2、台湾米酒：大さじ1 、生姜みじん切り:1片分、塩:小さじ1、砂糖:小さじ1、白こしょう：少々、椎茸の戻し汁：300ml程度

作り方

1 蝦米、椎茸を洗い水で戻す。椎茸は薄切りに。もち米を洗い、水を切り炊飯器へ。水200mlを加え通常の白米モードで炊飯（洗ってすぐ炊く。浸水は不要）。

2 拍子切りした豚バラ肉を中火で油が出るまで炒めたら、椎茸の戻し汁以外の材料、調味料を加えさらに炒める。戻し汁を数回に分けて加え、とろみのついた煮汁が若干残るまで中火で10分程度炒める。

3 炊きあがったもち米は上下を返し5分蒸らした後、炒めた具材を入れ混ぜ込む。再び5分ほど蒸らせば完成。

素麺で作るカンタン麺線
猪肚麺線（ジュードゥミェンシェン）

材料（約2人分）

そうめん：1～1.5把、水：900ml、豚モツ（ボイル）:100g、カツオ節:1パック（3g）、海鮮醤油：大さじ2、台湾米酒：大さじ1、工研烏醋：大さじ2、砂糖：小さじ1、塩：ひとつまみ、片栗粉:大さじ1～1.5、ニンニク:2片、白こしょう：少々、パクチー：たっぷり

とろみをつけた湯で
茹でるので、麺がダマに
なりやすい。よく
かき混ぜながら入れよう

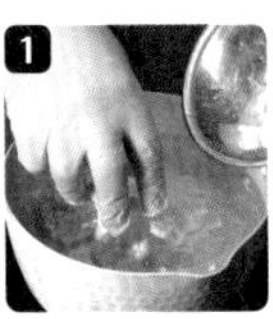

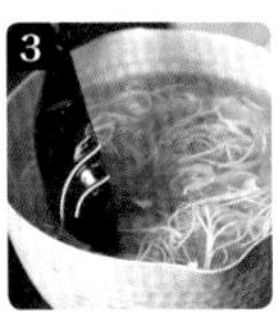

作り方

1 豚モツを軽く洗ってから900mlの湯に入れ米酒、白こしょうを加えて中火で2分煮る。

2 カツオ節を加え、海鮮醤油、塩、砂糖で味付け。水溶き片栗粉をかき回しながら入れてとろみをつける。みじん切りのニンニクと半分に折ったそうめんを入れて1分ほど中火で煮る。

3 工研烏醋を入れさっとかき混ぜたら火を止めて器に盛り、刻んだパクチーをのせる。分量外の工研烏醋で追い酢やラー油を加えても○。

AREA
横浜中華街

天仁茗茶（テンジンメイチャ）

好みの台湾茶が見つかる専門店

JR 石川町駅北口から徒歩５分、西門近くにある天仁茗茶。1961 年に台南で創立した台湾茶の専門店で、世界中で 130 以上の店舗を展開している。店頭には天仁茗茶の目印の大きな金の茶缶がずらりと並び、100g から量り売りで購入できる。好みや予算を伝えると、約 50 種類の茶葉の中から、オススメを見せてくれて、香りの違いを確認。いちばん安い茶葉は 100g で 650 円、高いものになると 3,450 円までの８段階。
もっと手頃な価格のパッケージ済みの商品も棚に並ぶが、量り売りの茶葉を見せてもらうと、断然金に輝く缶から選びたくなる。店が空いている時には試飲もできるので、相談してみよう。

凍頂烏龍茶のくるくるっと丸まった茶葉はキレイな緑色。こちらは 100g1,620 円。ちょっと贅沢してみようか

住所：神奈川県横浜市中区山下町 232
電話：045-641-0818
営業時間：10:00 ～ 20:00
定休日：なし

Chapter

3

お茶・スイーツを極める

おいしいお茶とスイーツでほっこり

伝統的なお茶から最新スイーツまで

心のビタミン剤のスイーツと台湾茶。素敵な茶藝館やオシャレなカフェでのんびり過ごしたい。おうち時間が増えたので、これを機に自宅でお茶を始めてみようか。そんな思いに応えてくれるかのように、巷ではかわいいカフェやドリンクスタンド、スイーツ店が増えている。ここ最近のタピオカブームは記憶に新しく、街には台湾系のドリンクスタンドが台頭、中国茶の専門店でも良質な台湾茶を取り扱う店が増えている。さらに最新スイーツ専門店も登場と、気軽に台湾茶や台湾スイーツが楽しめるようになった。どこのお店も内装に力を入れていて、まるで本当に台湾のカフェにいるかのような楽しい空間だ。せっかくならば、いろいろまわって、お茶もスイーツも極めてみよう。

AREA
阿佐ヶ谷

台湾茶（タイワンチャ）カフェ 茶嘉葉（チャカバ）

かわいい店内でのんびりお茶タイム

100 年前のマジョリカタイルに囲まれて

JR 阿佐ヶ谷駅からのんびり歩いて 10 分ちょっと、台湾雑貨と本格的な工夫茶が楽しめる茶嘉葉。中に入ると壁には 100 年前のマジョリカタイルが並び、まるで台湾の古い建物をリノベーションしたような、オシャレな空間にワクワク。注目は雑貨で、ここの商品はひと味違う。マジョリカタイルを中心とした品揃えなのだ。マジョリカタイルの復刻版が大小 20 種類以上もあり、これだけ一堂に扱うのは、日本ではおそらくここだけ。ほかにもマジョリカタイル柄のテープやコースター、ピアスまでとめずらしいアイテムが揃うのだ。さあ次はお茶の時間。台湾茶とドライフルーツが 3 種類ついたセットで、工夫茶が楽しめる。防腐剤、着色料、香料不使用のドライフルーツはグリーンマンゴー、ドラゴンフルーツなど 8 種類から好きなものを選ぶ。茶葉は東方美人茶、凍頂烏龍茶などの人気のお茶や、紅玉紅茶、五年老茶とめずらしいものまで、10 種類からチョイス。信頼できる生産者から直接買い付けた、安心でおいしいお茶を楽しもう。

住所：東京都杉並区成田東 4-35-27
電話：03-5913-8496
営業時間：12:00 ～ 18:00
定休日：不定休

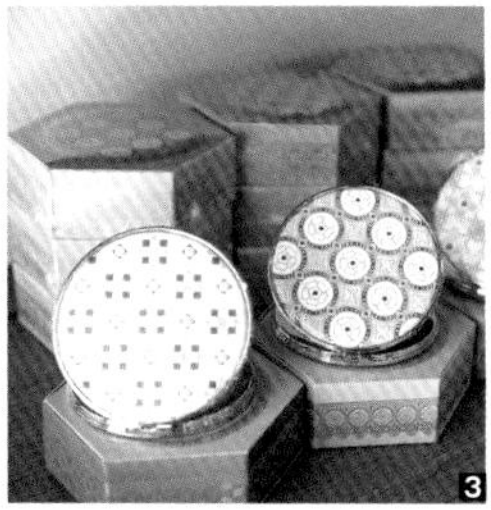

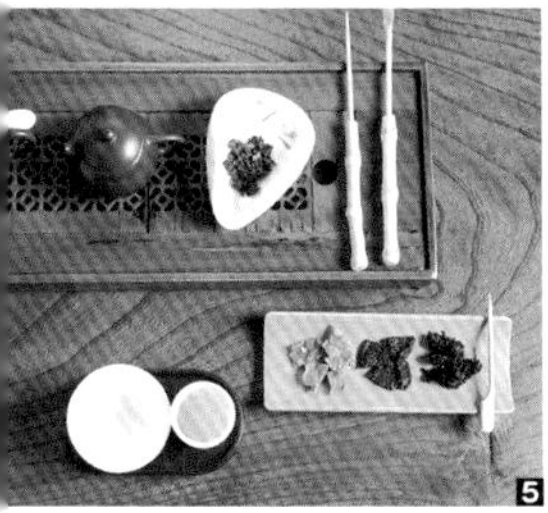

1広い雑貨スペースに並ぶマジョリカタイル。マジョリカタイルはイギリスから伝わり、台湾独自のデザインを加えたもので、古い建物にある貴重なもの。この復刻版が日本で買えるとは　2 100年前の復刻版シリーズは1枚2,420円～　3マジョリカタイル柄のコンパクトミラー。かわいい！　4カウンターでドライフルーツをチョイス　5台湾茶セットはドライフルーツがついて950円～と、お得な価格でうれしい　6茶海から聞香杯へ。まずは香りを楽しんで　7台湾の路地裏にあるようなレトロな雰囲気の外観

建立茶館之路

DIYのあたたかい手づくりカフェ

こちらを経営するのは、杉本さんと台湾出身の敏嘉さんご夫婦。古い家屋を利用した印象的な内装は、なんとふたりでDIYしたという。全体のデザインは、台湾の日本統治時代の老屋のリノベーションをイメージし、ほとんどの内装をふたりで行ったのだとか。古いミシンを使った骨董家具や、マジョリカタイルを装飾するなど、センスの良さが光る。「DIYは初心者で、真夏の猛暑の中、何度も挫けそうになりました」と語る杉本さん。「その甲斐があって揺らいだ硝子の建具や骨董の温もり、古い台湾花布など、大好きなものだけに囲まれたお店になりました」。この雰囲気は、ふたりでなくては出せない味わい深いもの。その苦労もあって、どこにもないここだけの素敵なカフェが誕生したのだ。

左上・建具は近所の古い住宅が取り壊される際に譲り受けたもの／上・踊り場の玉石タイルは4日間かけて一枚一枚手作業で貼った／左・テーブルは古いミシンを使用

AREA 表参道

遊茶（ユウチャ）

店頭では気になるお茶が試飲できる

70種類の茶葉から お気に入りを見つけて

1997年にオープンした中国、台湾茶の専門店。厳選された茶葉はおよそ70種類で、そのうち3分の1が台湾茶。試飲できるので、気に入ったものを確認してから購入できるのがいい。今回試飲させてもらったのは、焙香木柵鉄観音（1,728円/50g）や梨山高山茶（2,268円/25g）など8種類。飲み比べてみるとそれぞれに味や香りが異なるのがよくわかる。特に驚いたのは、蜜香東方美人というお茶。このお茶はドライフルーツのような甘い香りがする。東方美人茶といってもこんなにフルーティなものがあるのだと初めて知った。これは楽しい！ 好みを伝えるとスタッフが相談にのってくれる。また月に1度お茶に関する1時間のショートレッスンを開講。種類豊富なお茶においていろんな悩みを解消してくれるのだ。ほかに地下には茶道具を展示販売も。商品パッケージもセンスが良くてお気に入り。

※試飲・ショートレッスンは2021年6月現在休止中

上・飲み比べると自分の好みがはっきりわかる／左・茶こし付きのボトル／左下・贈り物にもぴったりの商品

住所：東京都渋谷区神宮前5-8-5
電話：03-5464-8088
営業時間：12:00 ～ 19:00
定休日：水曜・年末年始

AREA 池袋

梅舎茶館（メイシャチャカン）

烏龍茶のセットは 2,200 円～

上・台湾系の烏龍茶／中・日差しいっぱいの明るい店内／下・茶葉や茶器も販売

旅人ヨーダさんの茶藝館

外の喧騒が嘘のように静かで心地良い茶藝館。オーナーのヨーダさんが店を始めたのは、ニューヨークのチャイナタウンでの出来事がきっかけ。友人の紹介で入ったのは、手作りのサイフォンでコーヒーを淹れるカフェだった。そこには年代問わずいろんな人がいた。お客さんに混じって新聞を読んで、くつろいでいたのは従業員だったりと、日本では考えられない光景が広がっていたという。それぞれに好きなことをして、自由にお茶を楽しむ姿に衝撃を受け、おばあちゃんになったらそんな茶藝館を開きたいと決意。予定よりもだいぶ早くなったが 1999 年に、中国茶が楽しめる店をオープンした。中国と台湾の茶葉は自ら仕入れを行い、現地で調達。台湾茶は南投や花蓮のお茶が味わえる。ここでの楽しみのひとつには、ヨーダさんとの楽しい会話がある。旅の話やお茶の説明など詳しく教えてくれるのだ。とにかく居心地が良いので、ひたすらボーッとしたり。どんな過ごし方をしても、自由にしていいよとヨーダさんはきっと思っていてくれるはず。

住所：東京都豊島区南池袋 2-18-9 2F
電話：03-3971-2256
営業時間：12:00 ～ 18:00
定休日：月曜

AREA 吉祥寺

台湾茶藝館 月和茶
（タイワンチャゲイカン ユエフウチャ）

手前の「豆花」は、黒糖シロップに爽やかに生姜が香りとってもおいしい。トッピングもすべて手作り。右の「牛肉麺」の肉は、3時間煮込んでさらにセイロで蒸したもの。ホロホロとやわらかく絶品！

東京の台湾カフェのパイオニア

創業23年を迎える月和茶。東京の台湾カフェと言えば、真っ先に思い浮かべるのがこの店だ。メニュー豊富でどれもおいしいと評判。どこか和風を感じる台湾レトロな雰囲気の中、台湾茶やスイーツに、食事まで楽しめる。オーナーの楊さんは台南出身のデザイナーで、内装は自身で手がけた。おいしい台湾茶を日本に紹介したいと、当時まだ日本には少なかった茶藝館をイメージしてオープン。

テーブルが38席、奥には座敷もあって、店内はゆったりと広い。メニューは幅広く、魯肉飯や鶏肉飯、ビーフンなどの定食（1,050円～）や牛肉麺、小籠包（600円）や蒸し餃子などの点心も充実。さらに甜品は、豆花、湯圓をはじめ、めずらしい焼仙草（600円）や椰子のお汁粉までとバラエティに富んでいる。お茶は、ガラスや磁器、陶器など茶葉に合わせた茶壺を使用。ポットのお湯から自分で淹れて飲む形式。健康茶、烏龍茶、緑茶に分かれていて20種類以上から選べるのだ。ほかに冷たいグラスのドリンクもあるので、どれにしようか迷ってしまうほど。休日には行列ができる人気店。もし待ち時間がなかったらラッキーだ。ゆとりを持って出かけよう。

住所：東京都武蔵野市吉祥寺本町2-14-28 大住ビル2F
電話：0422-77-0554
営業時間：11:30～18:00、 土・日曜・祝日11:30～22:00
定休日：火曜

AREA 渋谷

春水堂(チュンスイタン) 渋谷(シブヤ)マークシティ店(テン)

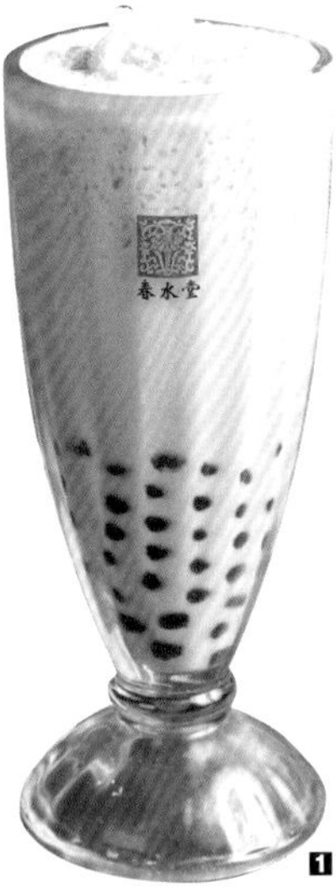

1

2

3

お茶マイスターが淹れる いつでもおいしい本場の台湾茶

台湾上陸系でタピオカミルクティー発祥の店として有名。台中で創業して38年、当時お茶離れをしていた若者に向けて、中国茶を初めて冷たくして販売すると大人気に。その4年後にタピオカミルクティーを発表、瞬く間に人気となり台湾では50店舗以上を展開する。

現地の人気店のレシピをそのままに提供するため、日本ではお茶マイスター制度を導入。お茶の知識や茶葉を押す角度まで詳細に定められ、品質は毎日台湾本部からチェックが入るという徹底ぶり。そうした努力で台湾そのままの味を、常に提供しているのだとか。これを聞いてからは、なぜか私も台湾の本部並みの厳しい目線となるが、いつ飲んでもやっぱり格別においしいのだ。

4

1元祖「タピオカミルクティー」(600円)。小粒のタピオカを使用 2春水堂ではフードメニューも充実。「鶏肉飯」(850円)はめちゃウマ！ 3「豆漿鶏湯」(950円)は豆漿に麺を入れたオリジナル料理 4お茶はもちろん、フードもぜひ試してほしい。おいしいから！

住所：東京都渋谷区道玄坂 1-12-3
渋谷マークシティ 4F
電話：03-6416-3050
営業時間：11:00 ～ 23:00
定休日：施設の休館日に同じ

AREA 原宿

Gong cha（ゴンチャ） 原宿表参道店（ハラジュクオモテサンドウテン）

「あらごしりんご＆パイナップル＋こんにゃくゼリー」

あらごし果実のフルーツビネガーシリーズ(510円)はソーダで爽やか

左から、いずれもMサイズのアイスで「黒糖ミルクウーロンティー」(570円)＋「パール(タピオカ)」(80円)、「マンゴー阿里山ティーエード」(540円)＋「ミルクフォーム」(80円)、「阿里山ウーロンティー」(430円)

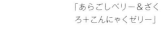

「あらごしベリー＆ざくろ＋こんにゃくゼリー」

上・オーダーカウンターも広々
下・白を基調にしたオシャレな店内。外にテラス席もある

広くなった原宿表参道店でのんびり台湾茶を

台湾第2の都市高雄で生まれたGong chaは、世界で約1,500店舗を展開するグローバルなティーブランド。日本に上陸したのは2015年、中でも原宿表参道店が人気だ。発酵度別や香りによって特徴のある5種類のベースティーを毎日店頭で抽出。湯温や時間管理を厳格に行い、抽出後4時間以内のものを提供。甘さや氷の量が選べるほか、4種類のトッピングを選んで好みの味を作れる。オススメは、台湾茶以外のドリンクも充実しているところ。抹茶ミルクティーや焙じ茶ミルクティー、そしてフルーツビネガーと豊富なラインナップ。フルーツビネガーは、あらごしの果実とトッピングのこんにゃくゼリーの食感が絶妙！ ぜひ試してみて。

住所：東京都渋谷区神宮前6-9-11 神宮前堺ビル1F
電話：03-6427-4777
営業時間：11:00〜21:00
定休日：なし

AREA 押上

タイワンテンショウテン
台湾甜商店
トウキョウ　テン
東京スカイツリータウン・ソラマチ店

流行りに敏感！ 最新の台湾スイーツ

大阪を中心に日本国内で23店舗を展開する台湾スイーツの店。ここは数あるスイーツ店の中でも常に流行りに敏感で、巷で人気の料理やスイーツをいち早く取り入れているように思う。例えば近頃人気の台湾カステラもすぐに登場。甜カステラとして、プレーン(580円)、甜黒糖クリーム、アールグレイの3種を揃える。ふんわりと見た目も美しく、しっとりとした食感とやさしい甘さでとてもおいしい。また、カラフルで人気の漁師網バッグに4種類の台湾茶が入った「台湾お出かけパック」(2,200円)など楽しいアイテムも。台湾甜商店に行けば、新しい何かがあるかもと期待させてくれる。

❶いちばん人気は左の「総合豆花」(720円)。芋圓や台湾カステラなど甜品が揃う ❷2種類のバッグから選べる「台湾お出かけパック」 ❸古き良き台湾をイメージさせる店内 ❹ふわふわでもっちりの「甜カステラ」がオススメ

住所：東京都墨田区押上 1-1-2
東京スカイツリータウン・ソラマチ 2F
電話：03-6456-1898
営業時間：10:00 ～ 21:00
定休日：施設の休館日に同じ

AREA 吉祥寺

KIKICHA TOKYO（キキチャトウキョウ）

1初代キキちゃん３歳は看板娘　**2**豆花は、カプセルスイーツ「ソイノハナ」のパティシエと共同開発　**3**オリジナルのアイスボトルには２代目キキちゃんが　**4**店頭で焼き上げる「胡椒餅」(486 円)　**5**テーブル、椅子にはマジョリカタイル　**6**爽やかなレモンの香りの「檸檬草烏龍茶」(650 円)と「美人ミルクティー」(650 円)

気軽に寄れる台湾茶屋でお茶とスイーツを

日本で生まれ、台湾人の両親を持つオーナーの松原さんは、台湾の文化をより深く知るために留学。そこで台湾茶のおいしさに感銘を受け、台湾茶屋で４年間修行した。「日本のドリンクスタンドをポップにしたいんです。日常的に行ける店があるといいなと思って」と話す。気軽に利用してほしいと、店には壁やドアがなく、心地良い風が通るテラスのような造りだ。メニューは、台湾茶、胡椒餅、豆花、タピオカなど台湾で暮らしていた時期に出会ったもの。台湾での修行中には時間を見つけては胡椒餅を食べ歩き、研究を重ねたのだとか。その胡椒餅は、八角や台湾胡椒がばりっと効いたいわゆる台湾味で、スパイス香る肉汁がたっぷりで激ウマ！

住所：東京都武蔵野市吉祥寺南町 1-9-9
電話：0422-26-6457
営業時間：11:00 ～ 20:00
定休日：なし

AREA 門前仲町

自慢茶軒 TOKYO

ジマンチャケン トウキョウ

中からも餡がジュワーの小豆＆黒胡麻湯圓

これこれ！ これが絶品の新メニュー蓮根パイの「蓮藕酥（リィェンオゥスウ）」（5,500円・要予約）

上・ランチの「点心セット」（1,080円）／中・「自慢トロパティー」（左）、「マンゴーパッションググリーンティー」（右）ともに690円／下・スタイリッシュな店内

オシャレなカフェのスゴイ実力

東京メトロ東西線の門前仲町駅から徒歩５分、一見すると普通のオシャレな入りやすいカフェに見えるが、実はここは点心がすこぶる旨い店なのだ。ランチメニューで利用する人も多いけど、ぜひ点心の一品メニューをオーダーしてほしい。驚いたのは、蓮藕酥というパイナップルジャムのパイ。薄く重ねられたパイ生地を蓮根の花と根の形に成形。サクサクしたパイ生地の中からとろりとパイナップルのジャムがあふれる。これはもしかしてパイナップルケーキの進化形か。旨すぎる！ ほかにもスイーツの湯圓は、中からも餡が飛び出したりとうれしい仕掛けが。見た目はカフェ、そしていい意味で裏切られるおいしい店なのだ。

住所：東京都江東区牡丹1-2-2
電話：03-5809-9500
営業時間：11:00～21:00
定休日：火曜（祝日の場合は営業、翌日休み）

AREA 高円寺

台湾嫩仙草専門店（タイワンネンシエンツァオセンモンテン） 黒工号（ヘイゴォンハオ） 新高円寺店（シンコウエンジテン）

ドリンクから時計回りに、「仙草ミルク」(M サイズ 430 円)、新高円寺店限定のタピオカに緑豆、大粒の芋圓が入った「黒工４号」(600 円)、「黒工１号」(700 円)は仙草ゼリーにミニ芋圓とタロイモのボール入り

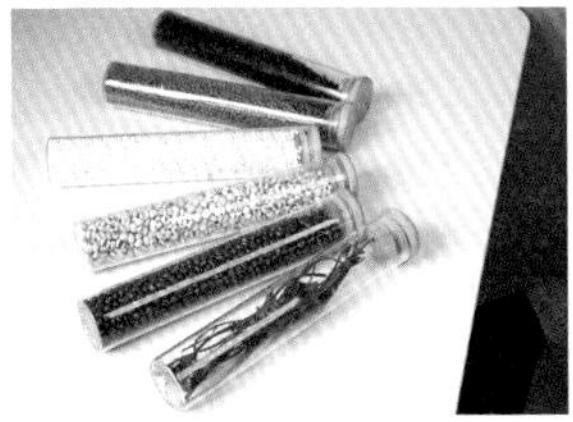

上・ハトムギや黒米などの 15 種類のトッピング／下・煮詰める前の乾燥した仙草

ヘルシーでデトックス効果もある スイーツ仙草の専門店

台湾では定番の人気スイーツの仙草。仙草とは中国や台湾で育つシソ科の植物で、乾燥させた葉や根を煮詰めると、真っ黒な天然のゼリーに。仙草には、解熱やデトックス効果、便通の改善、ダイエットにも効果があると言われ、おいしくキレイになれると注目されている。

その仙草を使ったスイーツの専門店がこちら「黒工号」。芋圓やタロイモなどのトッピングと一緒に、プルップルな仙草ゼリーが楽しめるのだ。黒工号は台南が本店で、仙草エキスを抽出し日本へ直送、店頭で作りたてのゼリーに。黒い見た目だけど、苦味はなく食感が面白くてハマりそう。100g あたり 19kcal と低カロリーなのもうれしい。

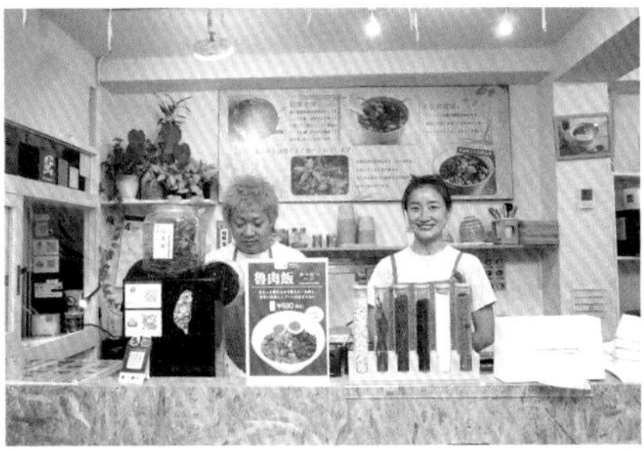

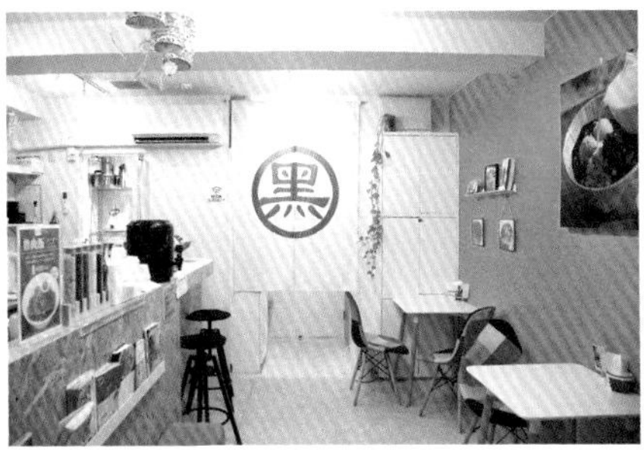

上・美人店長が明るく対応
下・ビビッドな色合いでおしゃれな店内

住所：東京都杉並区高円寺南 2-20-9
電話：03-6454-6016
営業時間：11:30 ～ 20:00
定休日：なし

AREA 下高井戸

MEILI（メイリー）

本日の「かき氷」、メロン＆ジャスミン＆イチゴアイス（950円）

上・白壁にコルクのテーブルは小山さんのDIY作品
下・輸入卸として仕入れも行う台湾コーヒー
右・本日のメーンと題した「魯肉坦々麺」（990円）

上・茶壺と茶杯でいただくコーヒー
中・コーヒーはドリップ式で淹れる
下・スタッフの日台ハーフシンガーソングライター洸美さんのライブも開催

創作する台湾コーヒーの専門店

オーナーの小山さんが台湾コーヒーと出合うきっかけとなったのが、台湾の農業ボランティアに参加したこと。東日本大震災で、いち早く支援をしてくれた台湾に恩返ししたいと渡航した。その時飲んだコーヒーのおいしさに驚き、日本に紹介したいと輸入卸として開業、焙煎方法を学んだという。この店のメニューや提供方法は独特だ。コーヒーは茶器で提供、メニューは既存のものではなく、すべて小山さんが考えたもの。例えばかき氷には、メロンとジャスミン茶を合わせて凍らせ、イチゴアイスにココナッツを加えたソースでいただく。今までどこでも食べたことがない味だ。常に新メニューを開発、行く度に新しい発見ができる店なのだ。

住所：東京都世田谷区赤堤4-45-17 1F
電話：03-6304-3106
営業時間：11:00～20:00
定休日：不定休

AREA 千葉

ゆきはな

上・季節限定メニューのパイナップル（1,600円）／下・かき氷のほかには豆花も

夏季限定の「マンゴーかき氷」（1,800円）。完熟マンゴーの甘さといったらもう！

士林（シーリン）の人気かき氷店の味が千葉で！

台湾のマンゴーやフルーツがドーンとのったかき氷が食べたい！ そんな時にオススメなのが、JR千葉駅からすぐのゆきはな。こちらは台北のMRT淡水線士林駅近くにあった、フルーツかき氷で有名な「GOMAN MANGO」の姉妹店だ。ゆきはなの店長は、1年間「GOMAN MANGO」で修行をし、レシピを伝授された。日本でも絹のような口溶けのミルクを凍らせたあの同じ味が楽しめるのだ。

旬のフルーツを使ったかき氷が人気で、マンゴーかき氷はまるまる1個のマンゴーを使う。さらにマンゴゼリーと100％のマンゴーのシロップで、存分にマンゴーを満喫できるのだ。オススメは日本オリジナルの落花生かき氷。千葉のブランド落花生の千葉半立（はんだち）を使用。焙煎落花生の深いコクの落花生粉がたっぷりかかって、和スイーツのような味わいとなっているのだ。ほかにも初夏には桃、秋にはぶどうと季節のフルーツの限定メニューが登場。通年で本場のかき氷が楽しめる。

上・通年メニューの「ティラミスかき氷」（レギュラーサイズ1,500円）／中・千葉県の名物「落花生のかき氷」（ハーフサイズ950円）／下・台湾の「GOMAN MANGO」同様、マンゴー色の店内

住所：千葉県千葉市中央区富士見町2-24-1 千葉C-one
電話：043-239-9559
営業時間：10:00～20:00
定休日：なし

AREA
● 神田

トウキョウマメハナコウボウ
東京豆花工房

定番から旬のものまで常時８種類のトッピングを揃える

上・３種類の砂糖を使ったやさしいシロップは全部飲み干せる／下・店内にはイートインのスペースも

新鮮な豆乳をにがりで固めた滑らかな豆花（トーファ）

台湾の国民的スイーツ豆花の作り方はいくつあるが、代表的なのは、豆乳をにがりで固めるもの、そして食用石膏で固めるもののふたつ。こちらのお店ではにがりを使い、口当たりはとっても滑らか。台湾出身の店長は毎朝５時に仕込みを開始して、豆花やトッピングの豆の煮込みを始める。作りおきは一切しないので、いつでも鮮度の高い豆花が味わえるのだ。メニューは、トッピングなしのプレーンの「原味豆花」（550円）と、トッピングありの「東京豆花」（770円）のふたつ。やさしい甘みのトッピングは小豆、ピーナツ、ハトムギ、白きくらげなど常時８種類。全部のせても料金は同じという、お得な設定がうれしい。

住所：東京都千代田区神田須田町 1-19
電話：03-6885-1910
営業時間：11:30 ～ 19:00
定休日：水曜

AREA 浅草

浅草豆花大王（アサクサトウファダイオウ）

トッピングは常時 13 種類。定番の豆類から
チアシードや仙草ゼリーもある

濃厚豆乳を食用石膏で固めた力強い豆花

オーナーの志田さんは台湾と日本のハーフで、子供の頃よく食べて好きだった豆花の味を再現しようと、豆花作りを開始。まずは豆腐マイスターの資格を取得した。豆乳を固めるのは食用石膏で、昔の記憶を頼りに試行錯誤を重ね、ようやく納得できる白くて美しい、しっかりと食感のある仕上がりの豆花が完成。シロップは6種類、サトウキビを使用したやさしい甘みの定番からバニラや杏仁などとめずらしいものも。豆花は小 150g（400 円）、大 300g（500 円）からサイズを決めて、好きなトッピング（100 円〜）を選ぶ。温かい豆花と冷たい豆花があるので、両方頼んで味比べするのもいい。

上・20 分待てばできたての豆花も味わえる
下・シンプルな店内のソファ席でのんびり

住所：東京都台東区浅草 4-43-4
電話：03-5849-4580
営業時間：12:00 〜 20:00、
土・日曜・祝日 11:00 〜 19:00
定休日：火曜

AREA 南青山

SunnyHills at Minami Aoyama
サニーヒルズ アット ミナミアオヤマ

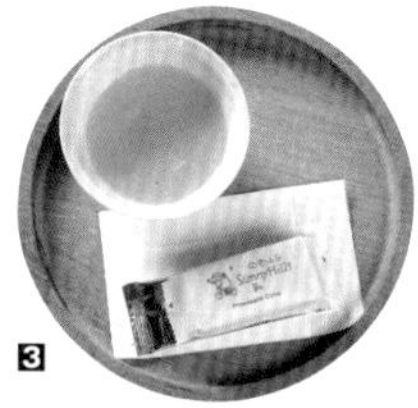

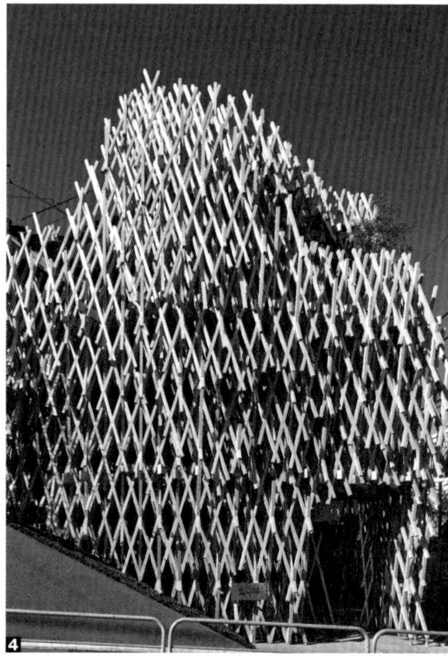

1 果肉と繊維を残したフレッシュなフィーリング　2 おもてなしルームは階段で２階へ　3 来店者にはケーキ１個とお茶が振る舞われる　4 遠くからでも目立つ特徴的な建物　5 キュートなパッケージの「りんごケーキ」　6「南青山限定セット６個入り」(1,800円)

自然をそのまま味わえるパイナップルケーキ

南青山の裏通りに突如現れる不思議な建物は、世界的な建築家隈研吾氏が、都会の中の森をイメージして建てたもの。ここは台湾でも大人気な高級パイナップルケーキの専門店「微熱山丘」の東京支店。自然の味そのままを味わってもらおうと、添加物を使用せず、完熟したフルーツだけを使用している。そのため、その年によってケーキの味が変わるという。酸味が多い年、甘みが強い年、同じように作っても、作物は同じ味にはならない。しかしどの作物にも良い特徴があり、その時に収穫したものの特性を活かして提供している。それはまるでワインのように、今年のパイナップルケーキは酸味が強いなとか、まろやかだななんて、味の違いを楽しむことができるのだ。

住所：東京都港区南青山 3-10-20
電話：03-3408-7778
営業時間：11:00 ～ 19:00
定休日：なし

AREA 自由が丘

はちかく<ruby>STORE<rt>ストア</rt></ruby>

パイナップルと梨餡で爽やかな酸味

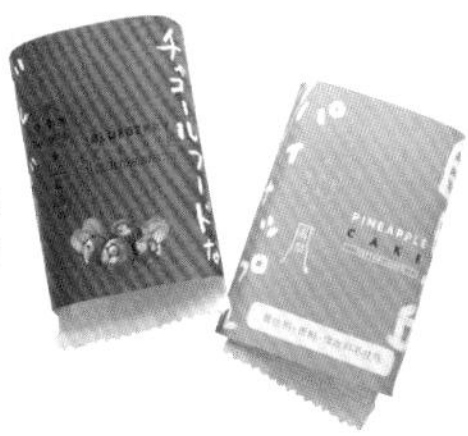

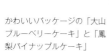

かわいいパッケージの「大山ブルーベリーケーキ」と「鳳梨パイナップルケーキ」

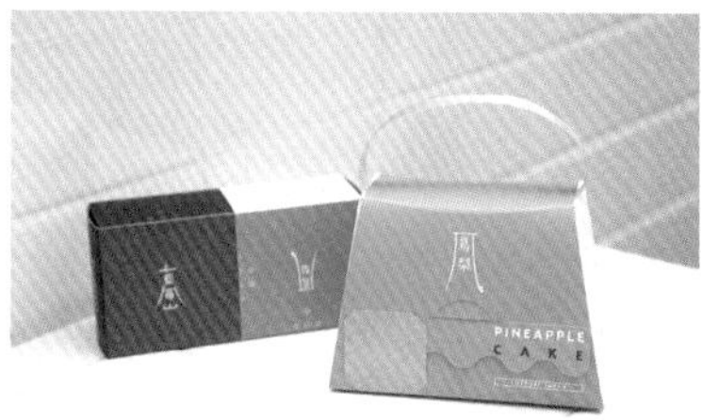

上・「龍眼マフィン」(240円）は、ドライ龍眼が丸ごと1個ドンと入る。めちゃウマ！／中・キュートなパッケージでお持たせにも。3個入り（790円）／下・店内では台湾シューズやカラフル漁師網バッグなど台湾雑貨も販売

鳥取境港発のパイナップルケーキ

古くから港町として栄え、台湾との交流も盛んな鳥取県の境港。そこで営むカフェでは、お土産でもらったパイナップルケーキに感銘を受け、パイナップルケーキ作りに挑戦。試行錯誤しながら、材料に鳥取の名産品の二十世紀梨を加えてみたところ、フレッシュで爽やかな酸味とやさしい甘みの仕上がりに。カフェで提供するとこれが大評判。都内各所の催事場に出店すると完売。問い合わせも増えたので、満を持してお菓子の聖地自由が丘に、パイナップルケーキの専門店をオープンさせた。ほろほろ食感のクッキータイプで、ザク切りのパイナップルの果肉が残るジャムは、梨の風味がとっても爽やかで、いくつでも食べたくなる味。パッケージもかわいくて、お土産にぴったりだ。

住所：東京都目黒区自由が丘 1-23-4
電話：070-1875-9243
営業時間：10:30 ～ 19:30
定休日：月・火曜

AREA
高円寺

新カステラ（シン）

基本の「プレーン」(842円)

「プレーン・生クリーム入り」(1,058円)

上・店頭で焼かれる台湾カステラ／下・看板猫のシンカ君とステラちゃん一家。ふたり合わせてシンカステラ

パウダーシュガーで描かれたデザインカステラ

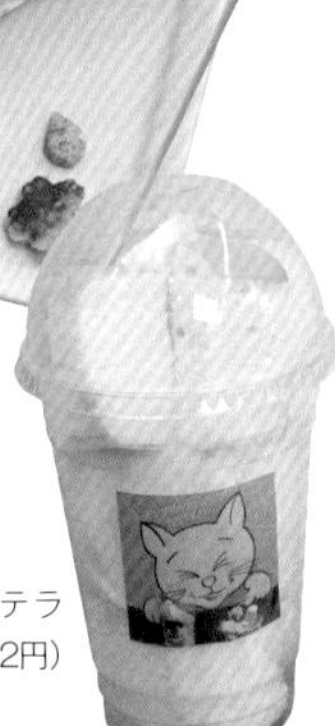

「カップカステラプレーン」(432円)

ひと口食べれば幸せの絶品カステラ

フラフワでしっとり、ふっくらと仕上がった新カステラの商品。台湾カステラとは、台湾の夜市でここ最近売られているカステラで、庶民的なお菓子。オーナーの台湾出身のミーさんは夜市で見かけ、日本に紹介したいと研究を重ねて 2017 年にオープンした。材料は、卵に小麦粉、牛乳、砂糖、植物油とシンプル。店によってはイースト菌などで膨らませているところも多いが、こちらでは添加物は一切使用せず、卵を丁寧に泡立てて作ることで独特なふんわり食感になるのだとか。ショーケースに陳列された商品は、すべて本物。あまりのキレイさに最初は商品サンプルかと間違えたほど。スフレよりキメが細かく、口に入れるとサッと溶けてしまう絶品台湾カステラ、ぜひ試してみて。

住所：東京都杉並区高円寺北 3-21-5
電話：03-6383-1163
営業時間：11:00 ～ 20:00（売切れ次第閉店）
定休日：なし

AREA 銀座

台楽蛋糕（タイラクタンガオ）

「プレミアムチョコレート」は1,380円

上・「プレミアムプレーン」は 1,080 円
下・東急プラザの地下２階にあるので行きやすい

チェダーチーズを挟み込んだ「プレミアムチーズ」(1,280円)

爽やかに抹茶が香る「プレミアム宇治抹茶」(1,280円)

新メニューは、カステラにアイスクリームを練り込んだ不思議な食感

さっぱりとした味でいくつでもいける

東急プラザ銀座のデパ地下に店を構える、台湾カステラの専門店。オープンは 2021 年だが、早くも 1 日 300 個も売れる人気店に。店内の工房で、11 時から 18 時 30 分まで 30 分毎に焼き上げられ、熱々が味わえる。150℃のオーブンで 90 分間、低温でゆっくりと時間をかけて焼くことで、フワッとした食感になるのだとか。こちらの台湾カステラの種類は 4 つ。いちばん人気のプレーン、間にチーズを挟んだプレミアムチーズ、宇治抹茶のパウダーを練り込んだ宇治抹茶、そしてココアパウダーを練り込みチョコチップを入れたプレミアムチョコレート。スフレケーキのような口溶けで、冷めてもおいしいので、お土産にオススメ。

住所：東京都中央区銀座 5-2-1
東急プラザ銀座店 B2F
電話：03-6822-6188
営業時間：11:00 ～ 22:00
定休日：施設の休館日に同じ

ヤマキコラム③

旬でおいしい台湾野菜が食べたい

以前台湾で取材をしていた時に、コーディネーターさんに「何がいちばんおいしかった?」と聞かれ、「白菜とキャベツ」と答えて、ドン引きさせてしまったことがある。それまでの2週間、台湾が誇る美食の高級店、老舗の名店をまわっていたので、もっとほかの料理を期待していたのだと思う。しかし、台湾の「白菜とキャベツ」は旨いのだ。サッと炒めたり、クタクタになるまで煮込んだり、セイロで蒸したりと、どのように料理してもおいしい。恥ずかしながら、私は台湾では白菜とキャベツの区別ができない。日本で間違うことはないのだが、台湾の白菜は品種によってキャベツそっくりなものもあり、キャベツも同様だ。その都度、「これはキャベツか?」「こっちは白菜?」などと聞き、8割方答えを間違えていた。

台湾は町の食堂から高級店まで野菜料理が豊富で、たくさんのメニューがある。素食の文化があり、人口のおよそ2割はベジタリアン。毎月1日と15日は「ベジタリアンの日」。いつもは通常食の人も、その日だけは野菜料理を食べる人も。一般的な食事は、野菜とスープに炭水化物。これに肉、魚などが加わることもある。炭水化物は、丼、麺、水餃子などのことで、これらを一緒に食べる「炭水化物オン炭水化物」という組み合わせはしない。炭水化物はひとつのみ、必ず一緒に食べるのは野菜とスープで、野菜は必須なのだ。

台湾料理の野菜は、素材そのものの味を損なうことなく食べられる。私は特に炒めものがお気に入りで、日本でも食べたい。本書の取材中には、野菜メニューを欠かさずチェックしていたが、これが結構あるのだ。台湾料理店のほとんどで、青菜の炒めものというメニューがあり、山東菜やA菜などその日の新鮮野菜が食べられる。季節によっては、シャキシャキ食感の水蓮菜や、龍のひげのような龍鬚菜など、台湾に行かなくちゃ食べられないような野菜も。夏前には甘いマヨネーズでいただく筍のサラダも食べられる。鮮度の高い台湾野菜は、台湾からの輸入や、国内で台湾野菜を作る農家と直接契約、または野菜の商社などいろんなルートで入手している。メイン料理のほかにもうひとつ野菜のメニューをプラスして、旬の野菜をぜひ味わってほしい。

Chapter 4

ちょっと足をのばして

ちょっと足をのばして台湾探し

東京を飛びだしてみると、台湾にゆかりのある場所がたくさん見つかる。台北市内の寺院よりも大きい荘厳な神社や、有名チェーン店、そして北投温泉の同じ泉質の温泉まで。地方には、より壮大な台湾が広がっていたのだ。

鬍鬚張魯肉飯（ヒゲチョールーローハン）

AREA
石川

レンガと木のテーブルでレトロ感を演出

北陸鉄道・野々市工大駅から徒歩８分

日本では石川１店舗のみ

台湾で50店舗、ヒゲのおじさんのロゴでおなじみの「鬍鬚張魯肉飯」。台湾旅行へ行ったことがある人ならば、見覚えのある人も多いはず。かつては渋谷や六本木ヒルズにも展開していたが撤退し、もう日本では食べられなくなったと思っていたら、なんと石川県に１店舗あったのである。石川の経営母体は、佛子園。こちらは石川県を中心に、障がい児者や高齢者支援や福祉施設を展開する社会福祉法人。その理事長が東京で入った鬍鬚張魯肉飯の味に感銘を受け、すぐさまフランチャイズ契約を結んだという。障害を持つ人の働き先として、飲食店や温泉施設を運営しているが、鬍鬚張魯肉飯もそのひとつに加わったのだ。現在では日本中探しても鬍鬚張魯肉飯が食べられるのは、金沢工大前店の１店舗のみ。近くに行ったらぜひ寄ってみたい。

金沢工大前店

住所：石川県野々市市高橋町 20-5
電話：076-246-4611
営業時間：11:00 ～ 21:00
定休日：水曜

台湾と同じレシピの魯肉飯

鬍鬚張の魯肉飯は、豚のホホ肉を使った、細かな豚のそぼろ肉がたっぷりかかった甘みのある昔ながらの味。コラーゲンもたっぷりでプルプルな肉が特徴だ。東京にあったセントラルキッチンを金沢へ移し、台湾と同じレシピで作られている。丼は全部で８種類、蒸鶏ご飯の鶏肉飯(420円)や排骨丼(750円)などおなじみのメニューが揃う。注目は、魯肉と鶏肉のＷがけの招牌飯(520円)。禁断の味に挑戦してみよう。

魯肉飯（ルーローハン）

一度食べたらやみつきになると言われる鬍鬚張の魯肉飯。大(420円)と小(300円)がある

皇帝肉丼（ホホニクドン）

魯肉飯に豚トロのホホ肉をのせたボリュームたっぷりの丼(小 650 円～)

鶏肉飯（ジーローハン）

店オリジナルの甘みのあるタレでいただく鶏のご飯。極細に割いた鶏肉の口あたりが良い

鬍鬚張丼（ヒゲチョウドン）

魯肉飯にやわらかな煮込みのホホ肉、煮卵、野菜が入るいちばん人気のメニュー(小 650 円～)

唐山排骨丼（パーコードン）

カリッと揚がった骨付きの豚のカツレツ。外も中も香ばしくて美味

500円シリーズ

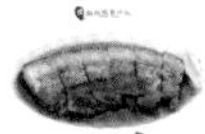

バラ肉

ホホ肉

ビールにぴったりのおつまみも充実している。ワンコインで食べられるのは、いろんなお肉。バラ肉や、コラーゲンたっぷりの豚足の猪脚肉。甘めの醤油ベースで、とろけるようにやわらか。ほかにもスパイス香る台湾唐揚げや羊肉など６種類揃うので、魯肉飯にプラスしてみよう。

350円シリーズ

青菜

キャベツ

野菜類は 350 円で常時５種類。とろみのある台湾醤油で炒めた青菜、３種類のソースがかかる湯がいたモヤシ。シンプルだけどこれが旨い。エンドウの若菜のシャキシャキ豆苗など、小皿なのでいくつか頼んでもイケる。脂の多い魯肉飯に野菜を加えてさっぱりと味わおう。

伊香保の山中に巨大台湾寺院が!?

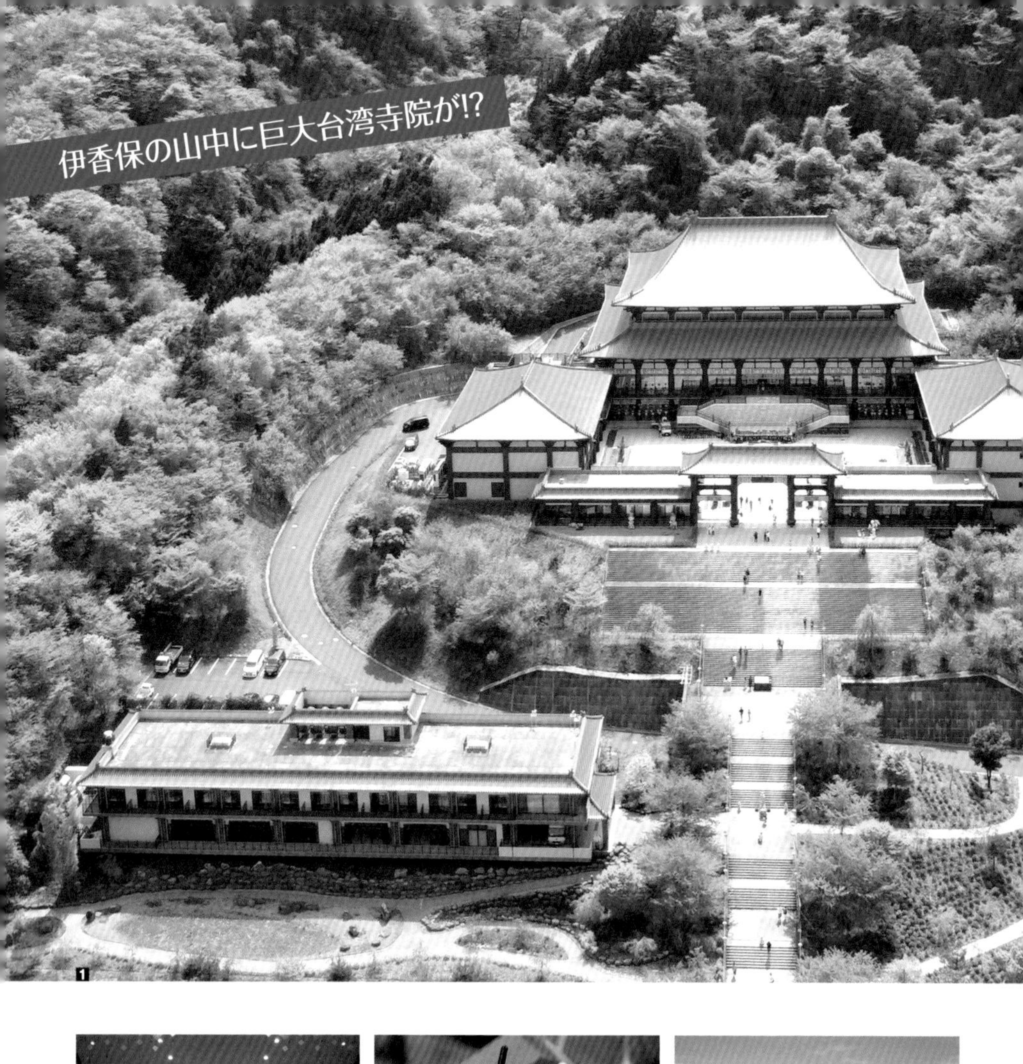

1

2

3

4

5

6

AREA
群馬・伊香保

佛光山法水寺

ブッコウザンホウスイジ

伊香保温泉の新パワースポット

伊香保温泉街から車で10分、南南東に向かうと突如現れる巨大な寺院。水沢山の懐に、壮大な景観が広がっている。ここは、台湾最大の仏教宗派「臨済宗佛光山」の日本大本山だ。佛光山の総本山は台湾の高雄で、全世界で約300か所の寺や分院があるという。ところで佛光山という名前、どこかで聞いたことがないだろうか。実は東日本大震災の時にいち早く駆けつけて、救助を名乗り出てくれたのが、この寺院なのだ。東京、山梨など全国6か所の別院から支援部隊を派遣、医療品や食料品などの支援と救助を行った。台湾からの支援部隊を派遣していたのは、この佛光山なのだ。その記録は境内の資料で確認できる。その感謝の意味も込めて、近くに行ったら参拝したい。

法水寺の建立には15年の歳月を費やし、2018年に完成した。駐車場から本殿を見上げると、長い石段がある。石段の手前では、弥勒菩薩（みろくぼさつ）がにこやかに出迎えてくれる。石段の途中には、ポーズをとった25体の小僧さんの石像が。洗濯姿や笛を吹いていたりと、なんともかわいらしい。これは普通の生活の中に「禅」があるという意味が含まれているからだとか。238段の石段を登り振り返ると、赤城山から小野子山までが見渡せる絶景が広がる。この寺院の標高は700mで、ここまで登ると爽やかな風が心地いい。中に入るとすぐにあるのは、台湾式おみくじ。ここで観音様に願い事を聞いてみよう。寺院は広く見所はたくさん。陶器で創られた千手観音は美しく、しばし見惚れてしまう。本殿をお参りしたら、ランチへ。境内には素食のカフェがあるのだ。また、御朱印をもらえたり、前日までの申し込みで、座禅や写経もできる。大自然の中、いろんな体験ができる寺院なのだ。

7

1東京ドーム約4個分、20haの広大な敷地　2 1,000人以上も同時に参拝できる大雄宝殿　3写経、座禅室は無料体験30分、要予約（月・木曜休み）　4法水寺から見える赤城山と渋川の街並み　5台湾の芸術家楊恵姍氏が創った千手観音　6台湾様式で建てられた本殿　7素食カフェではベジそぼろやベジバーワンが楽しめる

住所：群馬県渋川市伊香保町伊香保637-43
電話：0279-72-2401
参拝時間：（4～11月）9:00～17:00、（12～3月）9:00～16:00
定休日：なし　拝観料：なし

1

2

3

4

5

6

7

日本最大級の道教のお宮が坂戸に!?

五千頭の龍が昇る聖天宮

AREA 埼玉・坂戸

豪華絢爛な装飾に圧倒

東武東上線・若葉駅から約2km、のどかな畑と住宅街の中に、ひと際目を引くお宮がある。ここは国内の道教のお宮の中で最大規模を誇り、最高神の三清道祖を祀っている。道教とは中国で発祥した民間信仰で、神話の神々や三国志の英雄、関羽までを含むさまざまな神が存在する多神教。三清道祖とは、道徳を司る道徳天尊、天地創造の天始天尊、魂を司る霊寶天尊の3つの神のことで、それぞれにご利益がある。

このお宮の見どころはなんといっても、煌びやかな装飾。名前の通りここには5,000頭の龍がいるという。宮殿式の建物を造るため、台湾から宮大工を呼び寄せ、建設には15年を要したという。前殿のおよそ4mの柱には、一枚岩から掘った9つの龍の繊細な彫刻がある。前殿は台湾式のおみくじ、本殿では台湾式参拝ができるので体験してみよう。前殿の天井を見ると、八角形が連なる不思議な形に、千の神様の装飾が施されている。これは八掛天井といい、万物の広がりを表しているのだとか。

宮殿式の回廊を奥に進むと本殿に到着。渦を巻く太極天井の色彩の美しさに圧倒された。どの装飾も素晴らしくて、だんだん楽しくなってくる。火の見櫓のような両端にそびえる鼓楼と鐘楼には登れるので、近くで屋根の装飾が確認できる。ドライブにちょうど良い距離なので、休みの日に出かけてみよう。

8

1屋根や柱の龍の装飾は大迫力　2八卦天井の美しい装飾　3鼓楼からは屋根の装飾が間近に見られる　4天門の屋根。繊細な細工が見事だ　5前殿の壁の細かい彫刻　6台湾式おみくじが引ける　7回廊の朱塗りも美しい　8一枚岩から掘り出した龍の彫刻

住所：埼玉県坂戸市塚越 51-1
電話：049-281-1161
営業時間：10:00 ～ 16:00
拝観料金：大人 500 円
定休日：なし

秋田の秘境の温泉と台湾の温泉の関係とは!?

1

2

3

4

5

6

7

玉川温泉（タマガワオンセン）

AREA 秋田・田沢湖

地獄の前に佇む温泉宿

東京から620km、ここは本州最北端の国立公園「十和田八幡平国立公園」の中にある温泉宿泊施設。1か所から毎分9,000ℓという日本一の湧出量を誇る名湯だ。そんな玉川温泉は、実は台北にある北投温泉と姉妹温泉。地下鉄で気軽に行ける北投温泉は、世界で初めて温泉の中から、鉛を含む硫化バリウムの一種でできた鉱物が発見された場所。それは北投石と名づけられた。一方でその後秋田でも、温泉の中から同じ成分を持つ北投石が発見されたのだ。ラジウムを含み、放射性があるこの石はとても貴重なもので、天然記念物となった。この石が発見されているのは、世界で北投温泉と玉川温泉の2か所だけ。そんな関係もあって、2011年に両温泉は姉妹温泉関係を締結、調印式を行なった。毎年北投温泉で開催する北投温泉祭りには、玉川温泉がゲストとして招かれているのだ。

私は北投温泉に行った際、北投温泉博物館の資料で玉川温泉の存在を知った。どちらも北投石が発見され、Ph値は同じく1.2の強酸性。わざわざ台湾に行かなくても日本で同じ湯に入れるじゃないかと、さっそく秋田へ出かけたのだった。

しかし秋田は台湾より遠かった。車で東京から8時間、ようやく着いた秘境。その景色は素晴らしく、宿の前には「地獄」が広がっていた。水蒸気や火山ガスが白い煙を吹き上げる噴気地帯、これを通称「地獄」と呼ぶ。宿から歩いて行ける地獄。正式名称は玉川温泉園地自然研究路といい、1周約1km、およそ30分でぐるりとまわれる遊歩道だ。ここは天然の岩盤浴ができる場所。地熱で温められた岩盤にゴザを敷いて、ゴロリと寝転ぶ。これを目当てに全国から人々が訪れるという。そして宿に戻れば、強酸性の温泉へ。ピリピリと肌を刺激する力強いお湯。玉川温泉は自炊のできる古くからの湯治宿と、2km離れた場所にはリゾート感たっぷりの新玉川温泉がある。遠かったけどここに来て本当に良かった。そしてまたすぐに行きたいと思わせる、力強い温泉なのだ。

8

❶大自然が作り出す絶景。地獄谷は宿の目の前 ❷秋には紅葉が素晴らしい ❸木の温もりで安らげる温泉 ❹箱蒸しもある ❺こちらは玉川温泉から2kmの新玉川温泉の大浴場 ❻秋田名物きりたんぽ鍋 ❼秋田名物が食べられるバイキング料理ではライブキッチンも ❽北投温泉源泉の資料館にある北投石

住所：秋田県仙北市田沢湖玉川字渋黒沢国有林
電話：0187-58-3000

あとがき

コロナ禍で海外に気軽に渡航することができなくなって早2年。こんな日常が来るとは思っていなかった。1年のうち2か月間は海外取材をしていた私にとって、生活のペースが一変した。台湾に行きたいという気持ちがどんどん膨らんでいって、もう完全に気持ちは「台湾ロス」。「行けるようになるまで、身近で台湾気分が味わえれば」という軽い気持ちで、本作りをはじめた。しかし取材をしていると、単なる行けるようになるまでの代用やつなぎではなく、行きつけにしたい、とっておきの店がたくさんあったのだ。店主の本気度、料理にのぞむ姿勢やこだわり、そして何よりおいしい料理。台湾の寺院では非日常感が味わえ、自分にご褒美的な感覚で、台湾スイーツを楽しむ。台湾茶の取材では、種類があまりにも多く、難しさや奥深さに気後れしていたが、どこの店でも最後は「好きに飲めばいい」と言ってくれる。家で少々雑に入れてもやっぱりおいしくて、もっともっと台湾茶のことが知りたくなった。

今後、気軽に台湾旅行に行けるようになっても、きっとこの店には日常的に通いたい。そんな素敵な店や場所を紹介しているので、この本がぜひ皆さんの「台湾さんぽ」の一助になればうれしく思います。

矢巻美穂（やまき みほ）

国内外の旅行雑誌を中心に活動する旅するカメラマン。撮影から執筆・編集作業まで行い、多くの旅行関連雑誌や書籍に携わる。単著として、『はじめて旅するウラジオストク』『はじめて旅するウズベキスタン』『ソウルラバーズが教えてくれる本当においしいソウル』『台北ナビが教えてくれる本当においしい台湾』（すべて辰巳出版）、『はじめまして、東台湾。』（スペースシャワーブックス）、『トレッキングとポップな街歩き ネパールへ』（イカロス出版）、『とっておき！南台湾旅事情故事』（ジービー）がある。

YouTube チャンネルで続々動画を公開中！
「旅ちゃんねる MinMin Tour」
旅するカメラマン矢巻美穂の動画サイト。これまで取材に行って、本当においしかった店や行ってよかった人気スポットを紹介。海外旅行、国内旅行のグルメ情報が満載！　王道旅も、ディープなスポットも！

YouTube
「旅ちゃんねる MinMin Tour」

スタッフ

文・撮影・編集	矢巻 美穂　© Miho Yamaki
デザイン	ケイズ・オフィス
モデル	タカノサホ
イラスト	滾去哪 studio、みさをダベンポート ceo
Special Thanks	内海真巳子、尾澤和宏

東京で台湾さんぽ

2021 年 7 月 30 日　初版発行

著者	矢巻美穂
発行者	塩谷茂代
発行所	イカロス出版株式会社
	〒162-8616 東京都新宿区市谷本村町 2-3
電話	03-3267-2766（販売）
	03-3267-2831（編集）
印刷・製本所	図書印刷株式会社

旅のヒントBOOK

旅のヒントBOOKは新たな旅のきっかけがきっと見つかる
人気のトラベルエッセーシリーズです。
アジアのほか、ヨーロッパ、北米、オセアニア、アフリカなど
世界中のいろいろな都市を紹介しており、実際に旅行しなくても、
「読むだけでも楽しい」とご好評をいただいています。

各A5判

台湾＆アジアセレクション

レトロな街で食べ歩き! 古都台南へ &ちょっと高雄へ 最新版

定価1,760円（税込）

自由に行ける日が来たら
南部独特のゆるりと流れる時間に
身をゆだねながら、
本書片手においしいものを満喫する旅へ
出かけませんか?

独自の食文化が発展してきた台南には、おいしいものがたくさんあります。まずは早くて安くておいしい、小吃の食べ歩きからスタート。甘いものがほしくなったらかき氷＆フルーツ店へ。ちょっとひと休みしたい時は、老房子と呼ばれる古民家をリノベしたカフェへ。台南のクリエーターが手がけた雑貨や、地元の人たちが日常使いしているカゴやバッグなどを扱うお店をめぐるのもお楽しみ。中心部からタクシーで20分ほどの台湾最古の街、安平では、シーフードグルメを味わい、古い建物が残る路地裏散策を。──こんな台南旅を楽しみたいアナタに役立つ情報が満載です！ さらに最新版ではページ数を増やし、新たに高雄と近郊の街の情報を掲載。高雄国際空港に到着、あるいは出発する日にちょっとだけ高雄の街も歩いてみたい、という方に向けて、散策が楽しい港エリア案内をはじめ、ぜひ訪れてほしい見どころや飲食店などを厳選してご紹介しています。

◎お問い合わせ：イカロス出版販売部
TEL:03-3267-2766 **https://www.ikaros.jp/**
※定価はすべて税込価格です。2021年7月現在

遊んで、食べて、癒されて
タイ・プーケットへ

定価1,650円（税込）

癒しのビーチと
古都散歩
ダナン＆ホイアンへ

定価1,650円（税込）

カラフルな
プラナカンの街
ペナン＆マラッカへ

定価1,760円（税込）

食と雑貨をめぐる旅
悠久の都ハノイへ

定価1,650円（税込）

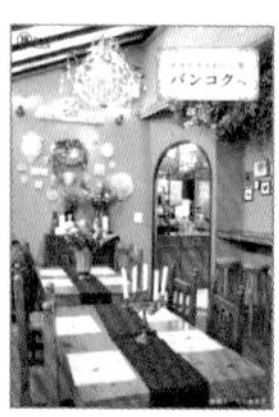

キラキラかわいい街
バンコクへ

定価1,760円（税込）

トレッキングと
ポップな街歩き
ネパールへ

定価1,760円（税込）

五感でたのしむ!
輝きの島
スリランカへ

定価1,760円（税込）

北タイごはんと
古都あるき
チェンマイへ

定価1,650円（税込）

アンコール・ワットと
癒しの旅
カンボジアへ

定価1,760円（税込）

ゆったり流れる旅時間
ラオスへ

定価1,760円（税込）